KB192524

논 · 술 · 세 · 계 · 대 · 표 · 문 · 학

45

로빈슨 크루소

다니엘 디포 | 나혜란 엮음

훈민출판사

다니엘 디포의 초상화

런던 템스 강 주변의 전경

The Best World Literature

윌리엄 3세 - 디포가 열렬히 추종했던 황제이다.

런던탑의 모습

배를 만들고 있는 로빈슨 크루소

로빈슨 크루소가 살았던 무인도의 지도

옛 영국 런던의 거리

디포의 묘비

디포가 살았던 집

런던의 상징인 웨스트민스터 다리와 빅벤 시계탑

The Best World Literature

화재가 일어난 배에서 승무원을 구조하는 로빈슨 크루소

〈로빈슨 크루소〉의 초판본 속표지

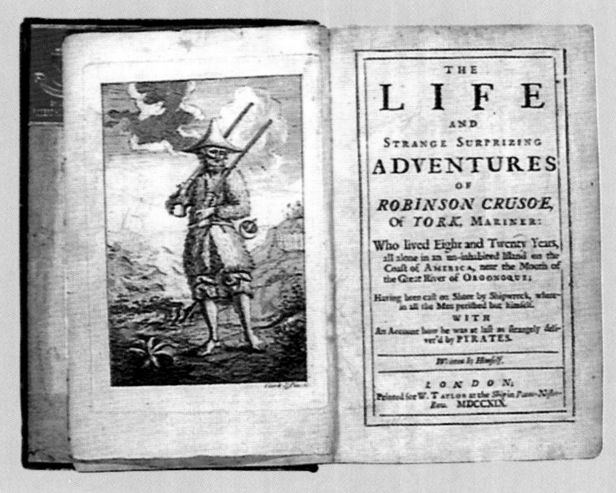

THE
LIFE
AND
STRANGE SURPRIZING
ADVENTURES
OF
ROBINSON CRUSOE,
Of *YORK,* MARINER:
Who lived Eight and Twenty Years, all alone in an un-inhabited Island on the Coast of AMERICA, near the Mouth of the Great River of OROONOQUE;
Having been cast on Shore by Shipwreck, wherein all the Men perished but himself.
WITH
An Account how he was at last as strangely deliver'd by PIRATES.

Written by Himself.

LONDON;
Printed for W. TAYLOR at the *Ship* in *Pater-Noster-Row.* MDCCXIX.

기획 • 감수

구인환(丘仁煥)

서울대학교 사범대학 졸업. 동 대학원 졸업(문학박사)
서울대학교 명예교수, 소설가(현). 서울대학교 사범대학 국어교육연구소 소장(현)
문학과문학교육연구소 소장(현). 국제펜 한국본부 부회장(현)
한국소설문학상(1987). 예술문화대상(1994). 한국문학상(2000)
작품 〈숨쉬는 영정〉, 〈살아 있는 날들〉, 〈일어서는 산〉 외 다수

• **저서** 《한국단편소설의 이해》, 《한국현대소설의 비평적 성찰》, 《고교생이 알아야 할 소설》, 《고교생이 알아야 할 세계단편소설》 외 다수

윤병로(尹柄魯)

성균관대학교 국어국문학과 졸업. 동 대학원 졸업(문학박사)
성균관대학교 교수, 문학평론가(현). 한국현대소설학회장(현)
한국문예학술저작권협회 이사(현). 한국간행물윤리위원회 위원(현)
한국펜 문학상(1987). 한국문학상(1988). 대한민국문학상(1989)
수필집 《나의 작은 애인들》 외 다수

• **저서** 《현대 작가론》, 《한국 현대 소설의 탐구》, 《한국 근대 작가 작품 연구》, 《한국 현대 작가의 문제작 평설》 외 다수

홍성암(洪性岩)

고려대학교 국어국문학과 졸업. 한양대학교 대학원 국어국문학과 졸업(문학박사)
동덕여자대학교 교수, 소설가(현). 한국문인협회 회원(현)
한국소설가협회 이사(현). 국제펜 한국본부 소설분과 이사(현). 한민족 문화학회 회장(현)
창작집 《큰 물로 가는 큰 고기》, 《어떤 귀향》 외
대하역사소설 《남한산성》 (전9권) 외 다수

• **저서** 《문학의 이해》, 《현대 작가론》, 《한국 근대 역사소설 연구》 외 다수

로빈슨 크루소의 동상

논술 세계대표문학을 펴내며

21세기의 사회는 **'전자 문명 시대'** 라 일컬어질 만큼 오늘날 전자 산업은 우리 생활의 거의 모든 분야에 다양하게 응용되고 있습니다. 출판 분야 또한 예외는 아니어서, 종래의 서책(Book) 대신에 이른바 '전자책(CD-ROM)'의 출간이 최근 들어 날로 증가하고 있습니다.

그러나 이러한 전자책은 영상 또는 모니터상으로 흥미 위주나 백과사전식 지식을 습득하는 데는 효과적일지 모르지만, 문학 공부를 위해서는 별로 도움이 되지 않습니다. 바꾸어 말하면, 문학 공부는 각 지면마다 살아 숨쉬는 표현 하나하나를 독자 자신의 머리로 음미하면서 작품을 읽어 나가는 가운데, 풍부한 상상력의 배양과 함께 작가의 의도와 그 작품의 내면을 깊이 있게 이해함으로써 이루어지는 것입니다.

이에 훈민출판사에서는, 자라나는 학생들이 범람하는 영상 매체에 길들여지기 전에, 어려서부터 유명한 세계문학 작품들을 책자를 통하여 감명 깊게 읽고 감상함으로써, 올바른 문학 공부의 기틀을 다지고, 아울러 전인 교육도 할 수 있도록 《논술 세계대표문학(전60권)》을 펴내게 되었습니다.

작품 선정은, 초 · 중 · 고등학교 국어 교과서와 역사 교과서에 실리거나 소개된 문학 작품을 중심으로 하되, 그리스 신화와 성경 이야기 등의 고전에서부터 중세 · 근대 · 현대에 이르기까지 세르반테스 · 셰익스피어 · 톨스토이 등 세계 유명 작가들의 장 · 단편 소설들을 엄선 · 수록하였습니다. 또 세계의 명시도 별권으로 엮었으며, 특히 각 단락마다 **'논술 문제'** 를 제시하여, 장차 대학입시를 비롯한 각종 '논술 고사'에 예비 지식을 쌓을 수 있도록 배려하였습니다. 아무쪼록, 이 《논술 세계대표문학(전60권)》이 자라나는 학생들에게 문학 공부의 주춧돌이 되고, 나아가 미래를 살아가는 데 **정신적 자양분**이 되기를 진심으로 바라 마지않습니다.

훈민출판사

차례

디 포

1660~1731년. 영국 런던에서 출생. 의류 잡화상을 하다 실패한 뒤로 글을 쓰기 시작했다. 초기의 그는 정치나 종교와 같은 논쟁적인 주제로 글을 썼다. 디포를 문학사에 중요한 인물로 만든 〈로빈슨 크루소〉는 그가 거의 60살 가까이 되어서야 쓴 작품이었고, 소설로서는 첫 작품이었다. 그 외에 〈몰 플랜더스〉가 있다.

로빈슨 크루소

그리운 바다

로빈슨은 선실 침대에서 사나운 파도 소리에 눈을 떴다.

배는 심하게 흔들리고 있었다. 이쪽에서 저쪽으로 기우뚱거리고, 위로 불쑥 치솟는가 하면 금방 파도 밑으로 가라앉는 것 같았다.

'보통 일이 아니군!'

로빈슨은 걱정이 되었다.

그는 생전 처음 배를 탔는데, 항구를 떠난 지 얼마 안 되어 사나운 폭풍을 만난 것이었다. 로빈슨은 침대에 누워 있었는데, 시간이 갈수록 폭풍은 더욱 세차게 몰아쳤다. 선원들도 불안하여 떠들기 시작하였다.

로빈슨은 그냥 누워 있을 수 없어서, 침대에서 일어나 갑판으로 나가다가 흠칫 멈추어 섰다. 산더미 같은 파도가 밀어닥쳐와 "쿵." 하고 뱃전을 두드려 폭포 같은 물보라를 일으키며 사람들에게 물벼락을 내리고 있었다.

로빈슨은 허둥지둥 다시 선실로 돌아와 침대 위에 엎드렸다.

'아, 역시 배는 타지 말았어야 하는 건데…….'

로빈슨은 겁에 질려 이렇게 후회하였다. 그는 부모에게 알리지도 않고 제 마음대로 집을 뛰쳐나왔던 것이다.

로빈슨은 1632년에 영국 요크 시에서 태어난 씩씩한 젊은이로, 올해

나이 겨우 열아홉 살밖에 되지 않았다.

그의 아버지는 본래 독일 사람이었으나, 영국에 와서 장사를 하여 꽤 많은 돈을 벌었다. 그는 부잣집 아가씨와 결혼하여 행복하게 살았다. 이들 사이에서 로빈슨 크루소는 셋째 아들로 태어났다.

"나는 이 다음에 크면 선원이 되어 먼 나라를 돌아다니고 싶어."

로빈슨은 어렸을 때 늘 그렇게 말하였다.

아버지는 로빈슨의 이 말을 들을 때마다,

"너는 하필이면 왜 그렇게 위험한 짓을 하려고 하니? 집이 가난하여 살기 어려운 처지라면 또 모르겠다. 그런데 무엇 때문에 그런 짓을 한다는 거야? 쓸데없는 생각 말고 집에 있어. 그러면 내가 재산을 너에게 모두 물려주마. 집을 뛰쳐나가 일부러 위험한 짓을 한다거나, 사서 고생을 한다는 것은 어리석은 짓이야."

하고 나무랐다.

어머니도 옆에서 아버지의 말을 거들었다.

"아버지 말씀을 명심해 들어라. 네 형들을 보렴. 아버지 말씀을 안 듣고 뛰쳐나가더니, 모두 그 모양 그 꼴 아니냐?"

어머니는 이야기를 채 끝내기도 전에 눈물을 글썽거렸다.

로빈슨의 큰형은 아버지의 반대를 뿌리치고 에스파냐 전쟁에 출전하여 육군 중령까지 되었으나 전사하였다. 그리고 작은형도 집을 나가서 지금 어디서 무엇을 하며 사는지, 아니 죽었는지 살았는지도 모르고 있는 형편이었다.

아버지와 어머니가 이처럼 간곡하게 타이르자, 로빈슨도 그 말에 따를 수밖에 없었다.

그러나 로빈슨은 가슴에 간직한 꿈을 아주 지워 버릴 수 없었다. 그는 불만을 참아 가면서 아무 일도 하지 않고 빈둥대며 나날을 보냈다.

그러던 어느 날, 우연히 부둣가에 나갔다가 뜻밖에도 친구를 만났다.

"로빈슨, 왜 그렇게 풀이 죽어 있니?"

친구가 물었다.

"도무지 재미가 없어. 너는 아주 재미있어 보인다."

"그럼! 나는 지금부터 배를 타고 런던으로 떠날 거야. 어때, 나하고 같이 가지 않을래?"

"글쎄, 나는 지금 돈이라고는 몇 푼 가지고 있지도 않아. 집에 돌아가서 돈을 달라고 할 수도 없고……. 부모님은 보나마나 반대하실 테니까 말이야."

"돈 같은 건 필요 없어. 이 배는 우리 아버지 배야. 그러니 같이 타고 가. 집에는 나중에 편지로 알리면 되잖아."

"그럼 그렇게 할까?"

로빈슨은 친구가 권하는 대로, 평소에 그렇게 타고 싶어하던 배에 올랐다. 이것은 앞으로 로빈슨이 당하게 될 불행의 시초였다.

1651년 9월 1일, 배가 항구를 떠난 지 얼마 안 되어 폭풍을 만났을 때, 로빈슨은 비로소 바다가 얼마나 무서운지를 알게 되었다. 그리하여, 자기가 얼마나 경솔한 짓을 하였는지 뉘우치게 되었다. 그러나 이미 때는 늦었다.

'아, 쓸데없는 짓을 했구나! 이건 내가 부모님 말씀을 듣지 않아 벌을 받은 거야. 무사히 여행을 마치면 곧 집으로 돌아가야지. 선원 따위는 절대로 되지 않을 거야.'

로빈슨은 선실 침대에 쓰러져서 이런 생각을 하였다.

폭풍우는 여전히 몰아쳐서 배가 심하게 흔들렸다. 그러나 불안에 떨며 하룻밤을 새우자 바람이 차츰 약해지기 시작하였다. 이윽고, 아침 햇살이 바다 위에 퍼질 무렵에는 파도가 한결 잔잔해졌다.

'이제 살았구나!'

로빈슨은 숨을 돌리고 갑판으로 올라갔다. 친구가 다가와서 물었다.

"로빈슨, 어젯밤 혼났지? 어때, 잠은 좀 잤니?"

"그렇게 배가 흔들리는데 어떻게 잠을 잘 수 있니?"

그러자 친구는 싱글벙글 웃으면서 말하였다.

"그까짓 걸 가지고 뭘 그래? 그런 폭풍은 아무것도 아니야. 조금 있으면 진짜 폭풍이 어떤 것인지 알게 될걸."

로빈슨은 친구가 농담을 하는 것으로만 알았다. 그러나 그것이 농담이 아니라는 것을 나중에야 알게 되었다.

바다는 그 날부터 아주 잔잔하였다. 그리하여 로빈슨은 선원들과 함께 술을 마시며 즐거운 시간을 보냈다.

그러자 폭풍이 한창 심할 때 다시는 배를 타지 않겠다고 하던 결심은 물거품처럼 사라져 버렸다.

난 파 선

배는 항해를 계속하여 닷새 만에 영국 동쪽 해안인 템스 강 어귀에 도착하여 닻을 내렸다.

"여기서 항해하기에 알맞은 바람이 불어오기를 기다려야지."

선장이 말하였다.

그 무렵의 영국 배는 커다란 돛을 여러 개 달고 바람을 이용하여 달렸다. 그래서 만일 배가 가야 할 방향과 반대로 바람이 불어오면, 항구에 들어가서 바람의 방향이 바뀔 때까지 기다려야만 하였다.

선원들은 푹 쉬면서 피로를 풀었다. 그런데 8일째 되는 날 아침이 되자, 하늘이 갑자기 흐려지면서 바람이 세차게 몰아치기 시작하였다.

"이거 안 되겠는걸. 또 폭풍이야. 닻을 내려라!"

선장이 지시하였다. 선원들은 서둘러 닻을 내렸다.

닻을 내리는 동안에도 배는 몇 번이나 커다란 파도를 뒤집어썼다. 그러자, 폭풍에 익숙한 선원들의 얼굴에도 두려워하는 빛이 뚜렷이 떠올랐다. 로빈슨은 다시 겁이 났다. 그러나 마음을 가라앉히려고 애쓰면서 이런 생각을 하였다.

'이번 폭풍도 저번 것과 비슷하군!'

그러나 선장은 긴장된 얼굴로 자기 방을 들락거리며 중얼거렸다.

"아, 하느님! 이 바람을 가라앉혀 부디 저희들을 살려 주십시오."

로빈슨은 선장실 옆을 지나가다가 그 소리를 듣고는,

'아, 선장이 저런 말을 할 정도라면 보통 일이 아니군. 대체 앞으로 어떻게 되려나?'

하고 더럭 겁이 났다. 로빈슨은 어찌할 바를 모르고 갑판에서 왔다갔다 하였다. 그 때, 선원 하나가 외쳤다.

"저쪽의 배가 떠내려간다."

로빈슨이 돌아보니, 폭풍을 피하고 있던 두 척의 배가 닻줄이 끊어져 바다 한가운데로 떠내려가고 있었다. 한 척의 배는 이미 물이 고이기 시작하였는지, 금세 가라앉을 듯이 기울어지고 있었다.

다행히 로빈슨이 탄 배는 그렇게 심한 폭풍 속에서도 아직 그와 같은 위태로운 상태는 아니었으나, 그렇다고 언제까지나 이 모양대로 계속될 것인지 아무도 알 수 없었다.

거기다 24시간이나 빵이라고는 한 조각도 입에 대지 못하고 성난 파도와 싸운 선원들은 지칠 대로 지쳐서 금세 쓰러질 것 같았다.

"빌어먹을 것, 될 대로 되라지!"

늙은 선원 하나가 털썩 주저앉았다. 그리고 다른 선원들도 갑판 위에서 불안에 떨며, 하늘에 떠 있는 검은 구름을 멀거니 쳐다보고 있었다.
그러자 갑판장이 외쳤다.
"자, 기운을 내라!"
이어서 선장이 저쪽에서 달려왔다. 거센 바람으로 모자를 바다 위로 날려 보내고, 머리카락은 마치 수세미처럼 헝클어져 있었다.
"선장님, 앞쪽 돛대를 찍어서 넘어뜨리는 수밖에 방법이 없습니다."
갑판장이 말하였다.
그러나 선장은 고개를 옆으로 저었다. 이 배는 선장 개인의 것이기 때문에, 될 수 있는 대로 배를 파손시키지 않고 이 어려운 고비를 넘기고 싶은 모양이었다.
"선장님, 앞쪽 돛대에 거센 바람이 휘몰아치면 배가 뒤집힙니다."
그러자, 선장도 이제는 할 수 없다는 듯이 갑판장의 말을 따랐다.
"앞쪽 돛대를 찍어 넘어뜨려라!"
선장이 명령을 내렸다. 선원들은 제각기 도끼를 들고 나와, 앞쪽 돛대를 자르기 시작하였다. 그러자 도끼밥이 빗발치듯이 사방에 흩어졌다. 돛대에 도끼 자국이 3분의 1쯤 났을 때, 사나운 바람의 힘으로 한아름도 넘는 굵은 나무가 삐거덕거리더니 우지끈 소리를 내면서 바닷속으로 나가 떨어졌다.
그러더니 뒤쪽 돛대가 사나운 바람을 정통으로 받아서, 때때로 배 끄트머리가 높은 파도에 송두리째 파묻힐 것만 같았다. 그 돛대까지도 잘라 버리지 않으면 배는 곧 뒤집힐 것 같았다.
선원들이 모여서 그 뒷돛대마저 넘어뜨리고 나자 위에는 돛대가 하나도 서 있지 않게 되어 바람에는 한결 나아졌으나, 배는 넓은 바다 위에 나뭇잎처럼 떠서 파도가 치는 대로 이리저리 흘러 다녔다.
오직 두 개의 닻이 이 위기에서 벗어나려고 안간힘을 쓸 뿐이었다.

이 닻이 끊기면 모든 것이 끝장이었다. 폭풍은 여전히 세차게 몰아치고 있었다.

로빈슨은 침대에 붙어 앉아서 계속 기도를 하였다.

"하느님, 저를 지켜 주옵소서!"

그 때, 다급히 외치는 선원의 목소리가 들려왔다.

"배가 가라앉는다!"

"배 밑창이 뚫어진 모양이다!"

로빈슨은 침대에서 후닥닥 뛰어내렸다. 선실에 있던 다른 사람들도 허둥지둥하였다. 모두들 기겁을 하여 배 밑을 들여다보니, 물이 사정없이 스며들어 어느 새 1미터나 고여 있었다.

"모두들 펌프로 물을 퍼내라."

선장이 외쳤다.

배의 바닥에 뚫린 구멍은 점점 커져, 기둥 같은 물줄기가 위로 뻗쳐 올랐다. 그것을 퍼낸다는 건 정말 힘든 일이었다. 갑판에서도 열심히 펌프질을 하고 있었으나 물은 자꾸 불어나고 있었다.

그리하여, 바닥의 물은 무릎까지 올라오며 자꾸자꾸 위로 불어나고 있었다. 그 물은 죽음을 부르는 악마의 싸늘한 손길처럼 사람들을 공포로 몰아넣었다.

로빈슨도 미친 사람처럼 펌프에 매달려 물을 펐다.

"철컥, 철컥!"

한참 펌프질을 하고 나니 숨이 턱에 닿는 것 같았다.

퍼낸 물은 갑판 위를 콸콸거리며 흘러갔다. 그러나 배 밑의 물은 줄어들기는커녕 점점 더 불어나는 것 같았다.

그 때, 갑자기 쿵 하는 요란한 소리가 났다.

로빈슨은 깜짝 놀랐다.

'아, 배가 두 동강이 났나? 아니면 암초에라도 걸린 것일까?
아, 이제는 정말 끝장이다!'

로빈슨은 이렇게 생각하고 현기증을 느끼며 그 자리에서 까무러쳐 버렸다. 그러나 다른 선원들은 아무도 로빈슨을 돌아보지 않았다. 곁에 있던 선원 하나가 로빈슨을 밀어 제치며 대신 펌프를 잡았을 뿐이었다.

구사일생

얼마나 지났는지 모를 때, 로빈슨은 누가 다리를 밟는 바람에 퍼뜩 정신이 들어 눈을 떴다.

돌아보니 선원들은 여전히 정신없이 물을 퍼내고 있었다. 그러나 물은 자꾸만 불어서 곧 배가 가라앉아 버릴 것 같았다. 폭풍은 다소 기세가 꺾인 듯하였으나, 항구로 피할 때까지 배가 무사하게 바다에 떠 있을 것 같지 않았다.

로빈슨은 온몸이 덜덜 떨려 견딜 수가 없었다.

"선장님, 이 배가 어떻게 될까요?"

로빈슨은 떨리는 목소리로 물었다.

"음, 큰 배를 향해 계속 신호를 보내고 있네."

선장이 한 쪽을 가리키면서 말하였다.

로빈슨이 그 쪽을 바라보니 거무스름한 큰 배 한 척이 떠 있었다. 그것은 등대에서 구조하러 보낸 큰 배였다.

"야, 보트가 온다!"

선원들이 일제히 함성을 질렀다.

선원들은 기뻐서인지 감격해서인지, 무어라고 표현하기 힘든 벅찬 감격에 잠기는 것 같았다. 큰 배에서 한 척의 보트가 파도를 헤치며 이 쪽을 향하여 오고 있었다.

로빈슨은 보트를 보자 숨통이 트이는 것 같아, 가슴이 울렁거렸다. 그러나 높은 파도에 보트가 가려지면, 살아날 수 있으리라는 희망이 금세 사라지고 절망에 빠졌다.

"조심해라!"

"잘 부탁한다!"

선원들은 저마다 뱃머리를 붙잡고 서서 고함을 질렀다. 보트는 나뭇잎처럼 당장에라도 파도에 휩쓸려 들어갈 것 같았다. 보트는 그야말로 목숨을 걸고 파도를 헤치며 다가오고 있었다.

거친 바다에서 생명을 바치고 살아가는 선원들끼리는 이처럼 깊은 동지애가 흐르고 있었다. 로빈슨은 그 모습을 보고 너무나 감격하여 가슴이 뭉클하였다.

보트는 간신히 배 가까이 다가왔다. 그러나 파도에 흔들리고 밀려서 좀처럼 배에 바싹 닿을 수가 없었다. 자칫하면 배에 부딪쳐서 보트가 박살날지도 모르기 때문이었다.

"밧줄을 던져라!"

보트에서 외치는 소리가 들려왔다. 이쪽 선원이 보트를 향하여 구명대가 달린 굵직한 밧줄을 던지고 조금씩 늦추어 주었다. 이윽고, 보트에 탄 선원이 바닷물에 떠 있는 밧줄을 건져 올렸다.

그리고 밧줄의 양끝을 보트와 배에 잡아매었다. 마침내 밧줄이 팽팽해졌다. 이것이야말로 귀중한 생명줄이었다. 배에 탄 선원들은 한 사람씩 그 밧줄을 타고 보트로 옮겨졌다. 그리하여, 파도에 몸을 적셔 가면서 열다섯 명의 선원이 모두 보트로 옮겨 탈 수 있었다.

그러나 이 작은 보트를 타고 그 큰 배가 있는 데까지 노를 저어간다는 것은 도저히 엄두를 낼 수 없는 일이었다. 그래서 할 수 없이 바람이

덜 부는 순간을 이용하여 가까운 해안을 향하여 조금씩 노를 저어갔다.
보트가 출발하고 15분쯤 지났을 때였다.
"아, 배가 가라앉는다!"
선원 한 사람이 외쳤다. 뒤돌아보니, 배는 이미 거의 모습이 보이지 않았다. 고물을 잔뜩 치켜들고 파도 속에 가꾸로 가라앉고 있었다.
선원들은 놀라움과 슬픔 때문에 한동안 아무 말도 입밖에 내지 않았다. 그 후, 얼마 가지 않아서 배는 그 모습을 완전히 감추어 버리고 말았다. 선장을 비롯하여 모든 선원들은 눈물을 글썽거리며 정든 배의 마지막 모습을 지켜보았다.
그 동안에 구조대원들은 열심히 노를 저어 파도를 헤치며 해안으로 나갔다. 보트가 높이 솟구칠 때마다 해안을 바라보니, 등대에서는 위치를 알리는 모닥불이 타오르고 있었다.
드디어 보트는 간신히 목표한 기슭 가까이에 다가갔다. 많은 사람들이 모여서 보트가 무사히 도착하기를 기다리고 있었다. 그러나 보트는 거센 폭풍 때문에 엉뚱한 방향으로 흘러가고 있었다.
"자, 저쪽 모래사장으로 가자!"
구조대원들은 있는 힘을 다하여 노를 저어 간신히 목적지에 닿았다.
"아, 이제 살았다."
가까스로 기슭에 닿은 선원들은 모래사장에 발이 닿자마자 피로가 한꺼번에 몰려와 그대로 쓰러졌다. 마을 사람들이 나와서 이들을 보살펴 주었다.
얼마 후에 로빈슨은 다른 선원들과 함께 그 곳에서 멀지 않은 야머스 항구까지 걸어서 갔다. 이튿날 아침해가 떠오를 무렵에야 야머스 항구에 도착하였다.
야머스에서는 시청 직원들이 나와서, 난파한 선원들에게 숙소도 지정

해 주고, 각자 고향으로 돌아갈 여비까지 마련해 주었다.

로빈슨은 그 여비로 바로 고향으로 돌아갔으면 좋았을 텐데, 목숨을 건지고 보니 바다에 대한 미련을 버릴 수 없었다.

그는 친구에게 말하였다.

"항해를 좀더 계속해 볼까?"

그러자 친구가 고개를 저으면서 말하였다.

"아냐, 나는 진저리가 나!"

친구의 아버지인 선장도 로빈슨에게 넌지시 타일렀다.

"많이 혼났지? 이번 항해에서 너는 선원 노릇 하기가 얼마나 힘이 드는 것인지를 알았을 거야. 역시 아무나 배에 오르는 게 아니야."

그러나 로빈슨은 이렇게 물었다.

"그럼, 아저씨도 앞으로 배를 타지 않을 건가요?"

"나야 다르지. 나는 배 타는 게 직업이니까. 그렇지만 너야 아직 어리지 않니? 이번에 시험삼아 한 번 타 본 건데……."

"아니에요. 저도 큰 결심을 하고 배에 오른 거예요. 아직 부모님께 여쭙지는 않았지만 말이에요."

그러자 선장은 얼굴을 찌푸리면서 나무랐다.

"아니, 그럼 너는 부모님 몰래 배를 탔다는 말이냐? 저런 고약할 데가 있나? 배가 그 꼴이 된 건 바로 너 때문인지도 모르겠구나. 이제 다시는 너를 태우지 않을 것이다."

"……."

"내 말대로 어서 집으로 돌아가거라. 그렇지 않으면 앞으로 무슨 벌을 받을지 몰라."

로빈슨은 여전히 아무 대답도 하지 않았다.

검은 해적

로빈슨은 선장과 헤어져 집으로 돌아가기로 하였으나, 이내 마음이 변하였다.

'이 꼴을 하고 무슨 얼굴로 부모님을 대할 수 있나! 또 이웃 사람들이 얼마나 비웃을 것인가?'

이런 생각을 하며, 고향으로 가려던 발길을 런던으로 향했다.

로빈슨은 런던 거리를 어슬렁거리며 다니다가 우연히 늙은 선장 한 사람을 만났다. 선장은 로빈슨에게 이렇게 말하였다.

"나는 얼마 전에 아프리카의 서쪽에 있는 기니 지방을 한 바퀴 돌아 왔는데 돈벌이가 아주 좋았지. 그래서 곧 다시 떠나려고 하네."

로빈슨은 그 말에 귀가 번쩍 열려 말하였다.

"저도 가고 싶군요. 저를 데리고 가 주시지 않겠어요?"

그러자 선장이 말하였다.

"글쎄, 생각 좀 해 봐야겠군."

"꼭 좀 데려가 주세요. 저는 선원이 되는 게 제 일생의 소원이에요."

"정 그렇다면 같이 가도 좋아! 뱃삯은 필요 없으니, 그 곳에 가서 장사가 될 만한 물건을 사 갖고 가도록 해. 돈벌이가 꽤 될 테니까."

"고맙습니다, 선장님!"

로빈슨은 선장이 일러 준 대로 장난감, 칼, 목걸이, 빨강 옷감 등, 아프리카의 토인들이 좋아할 만한 물건들을 잔뜩 사들였다.

로빈슨은 다시 배를 타고 항해를 시작하게 되었다. 선장은 로빈슨에게 항해술과 천문학, 수학 등 선원에게 필요한 지식을 가르쳐 주었고, 로빈슨은 항해가 끝날 무렵에는 제법 어엿한 선원이 되어 있었다.

이윽고 배는 무사히 목적지에 도착하였다. 로빈슨은 갖고 간 물건들을 기니 지방의 토인들에게 팔아서 3백 파운드나 되는 목돈을 만들 수 있었다.

'이거 놀랍군. 7, 8배나 남았는걸!'

로빈슨은 무척 흐뭇하였다.

'앞으로 나는 계속 이 장사를 하여야겠다!'

로빈슨은 굳게 결심하였다.

그런데 얼마 후에 늙은 선장이 갑자기 병으로 죽고 말았다. 로빈슨은 크게 낙심을 하였다. 그러나 부선장으로 있던 사람이 새로 선장이 되어, 로빈슨은 다시 배를 타고 아프리카로 떠났다. 이번에는 물건을 1백 파운드어치나 사서 배에 실었다.

그런데 이 항해는 로빈슨에게 성공은커녕 오히려 큰 타격을 주었다. 이것은 정말 뜻밖의 일이었다.

배는 큰 희망을 안고 항구를 떠났다. 큼직한 돛을 달고 푸른 물결을 헤치면서 남쪽으로 남쪽으로 달렸다.

이튿날 아침에 배는 카나리아 제도와 아프리카 북서쪽 해안 사이를 지나고 있었다. 그 때, 갑자기 돛대에서 망을 보던 선원 하나가 외쳤다.

"수상한 배가 보인다!"

이 근처의 바다에는 모르족이라는 토인 해적선이 가끔 나타나, 지나가는 배를 약탈하였다. 그 배는 해적선이 분명하였다.

이쪽에서도 돛을 올리고 되도록 빨리 달리려고 하였다. 그러나 해적선이 훨씬 더 빨라 점점 가까이 다가왔다. 30분, 1시간 30분……. 해적선과 로빈슨이 탄 배 사이의 숨막히는 경주가 계속되었다.

'앞으로 한 시간 후에는 꼼짝없이 붙잡히고 말 것이다.'

이쪽 선원들은 모두 그렇게 생각하였다.

선장은 해적선을 바라보다가 말하였다.

“일이 이렇게 된 이상, 싸울 수밖에 없다.”

이쪽 배에는 선원들이 열여덟 명이고, 12문의 대포를 갖고 있었다. 선원들은 일제히 대포를 쏠 준비를 하였다.

그러나 그 당시의 대포는 탄환이 멀리까지 가지 못하였으므로, 적이 아주 가까이 왔을 때 쏘아야만 하였다.

이윽고 두 배의 거리는 점점 더 가까워졌다. 해적선은 이쪽 배의 고물을 습격할 작정이었으나 방향을 잘못 잡아 뱃전 쪽으로 돌아왔다. 그러자 이쪽에서는 그 기회를 놓치지 않고 오른쪽에 있는 8문의 대포를 일제히 쏘아 대었다.

해적선은 돛이 찢어지고, 갑판 위에 있던 해적들 몇 명이 쓰러졌다. 그러나 2백 명쯤 되는 해적들은 손에 총을 들고 이쪽을 향하여 일제히 쏘아 대었다.

이윽고 해적들은 뱃머리를 왼쪽으로 돌려 이 쪽 배에 갖다 대더니, 60명쯤 되는 해적들이 우르르 올라와 칼을 휘두르며 마구 덤벼들었다.

그러자, 이쪽 선원들도 소총과 창을 가지고 죽을 힘을 다하여 싸웠다.

그러나 이쪽은 워낙 사람수가 적어서 적의 10분의 1도 되지 않았다. 한바탕 어울려 싸우는 동안에 세 명이 쓰러지고, 여덟 명이 부상을 당하고 말았다. 게다가 돛줄이 끊어지고, 키도 부서져서 더 이상 항해를 할 수도 없었다.

그래서 할 수 없이 선장을 비롯하여 선원 전체가 항복하고 말았다. 배에 실었던 물건들은 모두 약탈을 당하고 이들은 해적의 포로가 되어, 아프리카의 북쪽 해안에 있는 살레라는 항구로 끌려갔다.

로빈슨은 두 손이 꽁꽁 묶여 해적에게 끌려다니면서, 이제부터 무슨 꼴을 당할지 알 수 없어 불안에 떨고 있었다.

해적의 우두머리인 선장은 로빈슨을 향하여,

"이 녀석은 제법 쓸 만하군. 집에 두고 내가 부려야지."
하고 자기의 노예로 삼았다.

'아, 장사를 해서 돈을 두둑이 벌려던 꿈은 깨지고, 해적의 노예가 된단 말인가!'

로빈슨은 길게 한숨을 내쉴 뿐이었다.

'틈을 봐서 도망쳐야겠다.'
하고 생각하니, 한가닥 희망이 솟기도 하였다.

그런데 로빈슨이 주인의 손아귀에서 벗어나려면, 주인에게 이끌려 노략질을 다니다가 에스파냐나 포르투갈의 군함에 붙들리기 전에는 어려운 일이었다.

로빈슨의 이 꿈은 좀처럼 이루어지지 않았다. 주인은 바다로 나갈 때, 로빈슨을 육지에 남겨 놓고 자질구레한 집안일이나 시키는 것이었다.

토인 소년

어느덧 2년이라는 세월이 흘렀다.

로빈슨은 그 동안 토인의 말에 익숙해지고 일도 잘하였으므로, 주인은 차츰 로빈슨을 믿게 되었다. 그런데 주인은 돈이 잘 벌리지 않는지, 바다에 나갈 생각은 하지 않고 집 안에서 빈둥빈둥 세월을 보내었다.

그리고 일주일에 한두 차례 보트를 타고 낚시질을 가는 것이 고작이었다. 그럴 때는 로빈슨과 줄리라는 토인 소년이 주인을 따라가 번갈아 가며 보트를 저어야만 하였다. 줄리는 나이가 열두 살쯤 되어 보이는 영리한 아이로, 로빈슨을 무척 좋아하였다.

로빈슨은 낚시질을 잘하기 때문에 주인이 으레 데리고 다녔다. 혹시 자기가 바다로 나가지 못할 때에는 이렇게 부탁하였다.

"오늘은 내가 좀 바쁘니까 너와 줄리가 가서 물고기를 잡아다가 저녁 반찬을 만들도록 하여라."

어느 날, 로빈슨은 이런 부탁을 받고 줄리와 함께 보트를 타고 낚시질을 떠났다. 항구를 빠져 앞 바다로 나왔을 때 갑자기 짙은 안개가 끼기 시작하더니, 나중에는 바다와 육지의 분간도 잘 할 수 없게 되었다.

그래서 로빈슨과 줄리는 밤새도록 보트를 저어 갔으나, 이튿날 아침에 안개가 걷힐 때 보니, 해안과는 반대 방향으로 가는 것을 알 수 있었다. 로빈슨은 당황하여 보트를 급히 해안 쪽으로 돌렸다. 해안까지는 약 10킬로미터쯤 떨어져 있었으므로, 간신히 목적지에 도달할 수 있었다.

집에 돌아오니 주인이 언짢은 얼굴을 하고 물었다.

"어디 갔다 이제 오는 거냐?"

"안개가 자욱히 끼어 방향을 잃고 밤새 헤매다가 겨우 돌아왔습니다."

로빈슨은 공손하게 대답하였다.

"그래? 큰일날 뻔하였구나! 그럼 다음부터 낚시질을 갈 때에는 좀더 큰 배로 가도록 하자."

그 다음부터 해적의 두목인 주인은 바다에서 영국 상선으로부터 빼앗은 큰 배로 낚시질을 하러 갔다. 이 배는 갑판도 넓고 식료품을 넣어 두는 곳도 있었다. 그리고 커다란 삼각돛이 달려 있어서, 멀리까지 항해를 할 수 있었다.

어느 날, 주인은 세 친구를 불러다가 이 배로 낚시와 사냥을 하려고, 전날 밤부터 음식과 술병과 소총을 싣게 하였다. 낚시의 명수인 로빈슨도 물론 함께 떠나기로 하였다.

그런데 이튿날 아침에 주인은 줄리와 어른 심부름꾼인 무어 인을 데리고 오더니 말하였다.

"갑자기 이웃 마을에 볼일이 있어서 손님을 불러올 수 없게 되었으니 너희 셋이 바다에 다녀오너라."

그리고 손님들은 오늘 밤 집에서 식사 대접을 할 테니 물고기를 많이 잡아오라고 당부를 하였다.

로빈슨은 이웃 마을로 떠나가는 주인의 뒷모습을 지켜보고 있다가,

'도망치려면 이 때가 기회다!'

하고 속으로 부르짖었다. 지금이야말로 이 배를 타고 자유를 얻을 수 있는 좋은 기회였다.

로빈슨은 설레는 마음을 가라앉히려고 애쓰며, 두 사람이 자기의 흥분된 얼굴을 눈치채지 못하도록 조심하면서 항해할 준비를 하였다.

그러나 이 조그만 배로 끝없는 바다 위를 항해한다는 것은 매우 위험한 일이었다. 만일 도중에 폭풍이라도 만나게 되면 큰일이었다. 그렇다고 그런 걱정 때문에 망설일 수는 없었다. 이 기회를 놓치면 영원히 주인에게서 벗어날 수 없을지도 모르는 일이었다.

'모험을 해 봐야 해!'

로빈슨은 두 주먹을 불끈 쥐었다. 그러나 로빈슨에게는 항해할 일이 막연하기만 하였다. 그것은 물과 하늘 사이를 며칠이나 헤매어야 할지 알 수 없는 노릇이었다. 제일 필요한 것은 충분한 식량과 음료수였다. 그래서 로빈슨은 아무렇지도 않은 표정으로 무어 인에게 말하였다.

"저녁때까지 있어야 하니까, 먹고 마실 것을 충분히 싣고 가야 해."

무어 인은 곧 빵 한 광주리와 음료수 세 병을 가져왔다. 그 동안 로빈슨은 큼직한 꿀단지와 노끈 뭉치, 도끼, 끌, 톱 등을 꺼내다가 몰래 배 밑바닥에 감추어 두었다.

로빈슨은 일부러 무어 인을 불러서 자연스럽게 말하였다.

"배에 총이 있으니 탄환만 있으면 바다새 같은 건 충분히 잡을 수 있

을 텐데……."

무어 인이 총에 대한 책임을 지고 있기 때문에 이렇게 말해 본 것이었다. 그러자 무어 인은 곧 뛰어가서 탄환을 넣은 자루를 메고 왔다.

"아, 이거면 충분하다. 어서 출발하자!"

로빈슨은 바다에서 2킬로미터쯤 들어가 돛을 내리고 낚시질을 하였으나, 고기를 한 마리도 잡지 못하였다. 일부러 걸려든 고기도 낚지 않았으니 그럴 수밖에 없었다.

"이래 가지고는 주인의 분부대로 고기를 잡을 수 없겠는걸. 좀더 멀리 나가 봐야겠군."

로빈슨은 이렇게 말하고, 더욱 멀리 배를 타고 나갔다.

"이 곳이면 많이 잡힐 것 같군요."

무어 인은 이렇게 말하면서 바닷속을 들여다보았다. 그 때, 로빈슨은 별안간 무어 인의 허리를 번쩍 들어 물 속에 내던졌다.

"앗!"

물보라가 솟구치면서 무어 인의 검은 몸이 물 속에 가라앉았다. 로빈슨은 돛을 올리고 급히 배를 몰았다.

뒤를 돌아보니, 무어 인은 물 위에 떠올라 헤엄을 치면서 배를 따라왔다. 바람은 거의 멎었으므로, 배는 이제 별로 속도를 내지 못하였다. 무어 인은 어느 새 거리를 좁혀와 이제 손을 내밀면 배를 잡을 수 있는 곳까지 다가왔다.

"제발 목숨만 살려 줘. 언제나 좋은 친구가 되겠어."

무어 인은 애원하였다. 로빈슨은 선실에서 총을 갖고 나와 무어 인의 머리를 겨누었다.

"얌전히 돌아가라. 너는 헤엄도 잘 치니까 해안까지 무사히 돌아갈 수 있을 것이다. 하지만 만일 배에 손을 댄다면 총을 쏘겠다!"

로빈슨이 이렇게 말하자, 무어 인은 새까만 얼굴을 물 위에 드러내고 무척 애처로운 표정을 지었다. 그러나 심각한 로빈슨의 얼굴을 보자, 그만 단념하고 해안을 향하여 헤엄쳐 갔다.

로빈슨은 이어서 토인 소년을 불렀다.

"이봐, 줄리!"

그 때까지 줄리는 눈을 크게 뜨고 무어 인을 멍하니 지켜보고 있다가, 겁에 질려 덜덜 떨면서 로빈슨을 바라보았다.

"앞으로 너는 내 말을 잘 들을 테냐? 그러면 너를 반드시 훌륭한 사람으로 만들어 줄 것이다. 그렇지 않고 멋대로 굴면 무어 인처럼 바닷속에 던져 버릴 거야. 어떻게 할래?"

"예, 시키는 대로 하겠어요."

그 때 이미 무어 인의 모습은 보이지 않았다. 해안까지 헤엄쳐 갔는지도 모를 일이었다.

로빈슨은 그 때까지 뱃머리를 줄곧 앞 바다의 해협 쪽으로 돌리고 배를 몰았으나, 무어 인의 모습이 사라지자, 곧 배를 남쪽으로 돌렸다. 그쪽을 향하여 계속해서 항해하면 나중에는 야만인이 사는 해안에 도달하게 된다. 주인이 무어 인에게서 이 소식을 전해 듣고 뒤쫓아와도 설마 로빈슨이 야만인이 사는 곳으로 배를 몰고 갔으리라고는 생각하지 않을 것이었다. 그래서 로빈슨은 주인에게 붙잡힐 염려가 없다고 생각하였다. 마침 바람이 알맞게 불어와서 배는 남쪽으로 쉼 없이 달려갔다.

5일이 지나자 마침내 육지가 보였다.

'이제는 안심이다. 여기까지 뒤쫓아올 사람은 없을 것이다.'

로빈슨은 이렇게 생각하고 배를 강기슭으로 몰고 가서 강어귀에 닻을 내렸다. 로빈슨은 어둠을 틈타 육지에 오르기 위하여, 그 곳의 지형 형편을 살펴보았다. 남국에는 저녁 노을이라는 것이 없었다. 해가 지평선에 넘어가기가 바쁘게 캄캄한 어둠이 밀려들었다.

"으흥, 컹컹, 으르렁!"

짐승들의 울부짖는 소리가 어둠 속에서 요란스럽게 들려왔다. 줄리는 겁에 질려 어찌할 줄을 몰랐다. 이 강어귀야말로 사나운 짐승들의 보금자리였다.

두 사람은 날이 새면 상륙하기로 하고 선실에 드러누웠다. 그러나 잠이 오지 않았다. 야수들의 울부짖음은 밤이 깊어갈수록 더욱 사나워졌다.

사자와 야만인

이윽고 커다란 짐승 한 마리가 물 속으로 뛰어들더니 배를 향하여 첨벙첨벙 헤엄쳐 왔다.

"아, 저기 사나운 짐승이 헤엄쳐 와요!"

줄리는 새파랗게 질려 로빈슨의 팔에 매달렸다.

"조용히 있어!"

로빈슨은 선실에 가서 총을 꺼내어, 배를 향하여 헤엄쳐 오는 짐승에게 한 방 먹였다. 그러자 그 짐승은 큰 소리로 울부짖더니, 곧 뒤돌아서 도망쳐 버렸다. 두 사람은 밤이 새도록 눈 한 번 제대로 붙이지 못하고 꼬박 새웠다.

이튿날 아침해가 떠오르자, 짐승들은 그림자도 보이지 않았다. 그러나 밀림 속에는 야만인들이 살고 있을지도 모르는 일이었다.

그런데 배에는 이제 마실 물이 한 방울도 없었다. 그러므로 어떤 위험이 따르더라도 물을 얻으러 육지로 오르지 않을 수 없었다.

"야단났는데! 물이 한 방울도 없으니 어쩌지?"

로빈슨이 빈 물항아리를 들고 한숨을 쉬자, 줄리가 말하였다.

"그럼, 내가 가서 물을 떠올게요."

"뭐, 네가 혼자 가서 물을 떠온다고?"

로빈슨은 이렇게 용감하고 착실한 토인 소년을 혼자 보낼 수 없다는 생각을 하였다. 그래서 그는 고개를 옆으로 저으면서 말하였다.

"혼자 가서는 안 된다. 살아도 같이 살고, 죽어도 같이 죽어야 해."

두 사람은 총과 물항아리를 들고 육지로 올라갔다.

"로빈슨, 내가 강을 따라 올라갈게요."

말을 마친 줄리는 나무숲이 무성한 강둑을 헤치면서 달리기 시작하였다. 로빈슨도 뒤따라가려 하였으나, 배에 아무도 없으면 야만인들이 달려들어 배를 약탈해 가지 않을까 하여, 배에 머물러 있기로 하였다.

로빈슨은 줄리의 등뒤에 대고 주의를 주었다.

"배에서 너무 멀리 가면 안 돼!"

얼마 후에 갑자기 강 상류에서 총소리가 들려왔다. 로빈슨은 더럭 겁이 났다. 줄리가 야만인이나 맹수에게 쫓기고 있는 것이 분명하였다. 로빈슨은 급히 총을 들고 상류를 향하여 뛰었다.

숲을 헤치며 강을 따라 한참 올라갔더니 줄리가 숨을 헐떡이며 뛰어왔다. 등에는 물항아리와 어떤 짐승을 둘러메고 있었다. 줄리는 물항아리를 내려놓고 토끼 비슷한 짐승을 쳐들어 보이면서 말하였다.

"로빈슨, 이거 내가 잡았어요."

"오, 장하구나."

"물도 있어요."

줄리는 항아리에 든 물을 보여 주었다.

"야만인은 보이지 않았니?"

"예, 못 보았어요."

"그래? 그렇다면 안심이구나!"

그러고 보니, 그 부근의 모래사장에도 사람의 발자국은 하나도 찾아볼 수 없었다. 두 사람은 나뭇가지를 주워다가 불을 피우고 잡아온 짐승을 구워서 맛있게 먹었다. 강을 조금 거슬러 올라가자, 바위틈에서 샘물이 콸콸 솟아나고 있었다.

"야, 이거 정말 다행이군!"

로빈슨은 항아리에 물을 가득 채웠다.

로빈슨은 배에 돌아와 나무 숲 저편에 있는 산들을 눈여겨보았다. 그러자 전에 늙은 선장과 앞바다를 지나갔던 일이 생각났다. 거기는 분명히 아프리카 서남쪽인 베르데 곶과 가까운 곳이었다. 살레 항구를 떠나 이 곳까지 온 날짜를 계산해 보아도 들어맞았다. 로빈슨은 이렇게 생각하였다.

'이제부터 저 베르데 곶을 목표로 곧장 배를 몰기로 하자. 영국 상선만 만나게 되면 살아날 수 있는 것이다.'

로빈슨은 희망에 가득 차 줄리와 함께 돛을 올리고 배를 몰았다. 이 작은 배로 저 망망한 바다를 무작정 항해한다는 것은 무모한 일이었다. 그래서 로빈슨은 대륙을 끼고 남쪽으로 배를 몰았다.

"이렇게 곧장 가면 백인들의 배를 만나게 될 거야. 조금만 더 참아."

로빈슨은 줄리에게 말하였다.

줄리는 히쭉 웃어 보였다. 다행히 점심때가 지나고 나서부터는 거센 바람도 멎어, 배는 삼각돛을 달고 기분 좋게 달리기 시작하였다.

그렇게 14일이 지난 날 아침이었다. 로빈슨이 해안선 근처에 닻을 내리고 육지에 올라가 마실 물을 얻으려는 생각을 하고 있을 때, 갑자기 줄리가 저쪽 숲을 가리키면서 소리를 질렀다.

"저기 사자가……."

로빈슨이 줄리가 가리키는 쪽을 바라보니, 바위 덩어리 같은 커다란 사자가 잠을 자고 있었다.

"쉿!"

로빈슨은 제일 큰 총을 꺼내 총알을 재고, 또 다른 두 자루의 총에도 총알을 재어 놓은 다음, 큰 총의 방아쇠를 당겼다.

"탕!"

"으흥!"

사자는 소리를 지르며 일어났으나 곧 그 자리에 쓰러졌다. 총알이 사자의 앞다리 무릎뼈에 박혔던 것이었다. 그러나 사자는 곧 세 발로 버티고 일어나 울부짖었다.

"으흥, 으흥!"

줄리는 겁이 나서 로빈슨의 팔을 잡고 벌벌 떨었다.

로빈슨은 두 번째 총을 집어들어, 정확하게 겨냥을 하고 또 쏘았다. 이번에는 사자의 머리에 정통으로 맞았다. 사자는 미친 듯이 날뛰며 한참 맴을 돌더니 푹 고꾸라졌다. 줄리는 그것을 보고 매우 기뻐하며 로빈슨을 향해 물었다.

"가서 보고 올까요?"

"좋아, 그렇지만 조심해야 해!"

줄리는 한 손에 총을 든 채 물 속에 뛰어들어 기슭까지 재빠르게 헤엄쳐 갔다. 줄리는 사자 곁으로 가서 총구멍을 귀에다 대고 또 한 방을 쏘았다. 그러자 사자는 완전히 숨이 끊기고 말았다.

"야, 맛좋은 고기가 생겼군!"

로빈슨은 기뻐하였다. 그러나 생각과 달리, 사자 고기는 딱딱하고 맛도 형편없어서 먹을 수가 없었다.

"이게 뭐야. 총알만 세 발 버린 셈이군!"

로빈슨은 씁쓸하게 웃었다. 로빈슨은 가죽을 벗겨서 깔개를 만들기로 하였다. 그는 줄리의 도움을 받아 사자의 가죽을 벗기는 데만 꼬박 하루를 보내었다.

로빈슨은 배에다 사자 가죽을 싣고 다시 항해를 계속하였다. 기슭에는 물을 길러 갈 때밖에는 접근하지 않았다.

육지에는 때때로 사람의 모습이 보이기도 하였다. 몸에 실오라기도 걸치지 않은 벌거벗은 시커먼 토인들이었다. 이제 배에는 식량이 얼마 남지 않았다. 그러므로 어떻게 해서든지 식량을 구해 와야만 하였다.

"저 토인들에게 가서 식량을 얻어 와야겠군."

로빈슨이 혼잣말로 중얼거리자, 줄리는 한사코 말렸다.

"가면 안 돼요. 위험해요!"

그러자 로빈슨은 식량뿐만 아니라 물도 필요하였기 때문에 기슭으로 배를 몰았다. 그러나 토인들이 앞을 다투어 해변가로 몰려오면서 뭐라고 신나게 지껄여 대었다. 그들은 아무 무기도 가지고 있지 않았다. 한 사람이 가느다란 막대기를 가지고 있을 뿐이었다. 줄리가 말하였다.

"저건 창이에요. 던지면 아주 무서울 거예요."

"글쎄, 그럴지도 모르지."

로빈슨은 기슭에 다가가지 않고 조심스럽게 어느 정도의 거리를 유지하고는 뱃머리에 서서, 먹을 것이 있으면 좀 달라는 시늉을 해 보였다.

그러자 토인들 쪽에서도,

"좋다, 먹을 것을 줄 테니 배를 멈추어라!"

하는 대답을 시늉으로 보내 왔다.

로빈슨은 기슭에 배를 가까이 대었다. 그러자 토인들 중에서 두 사람이 저쪽으로 다가가더니, 먹을 것을 잔뜩 가지고 돌아왔다. 그것은 말린 고기 두 조각과 이 고장에서 나는 듯한 곡식 한 바구니였다.

로빈슨은 그것을 얼른 받고 싶었으나, 너무 성급히 상륙하였다가는 토인들에게 무슨 변을 당할지 알 수 없었으므로 배에서 잠시 망설이고 있었다. 토인들도 이쪽을 두려워하는 모양이었다.

토인들은 로빈슨이 망설이고 있다는 것을 알아채고, 먹을 것을 넘겨주는 멋진 방법을 생각해 내었다. 즉, 두 사나이가 먹을 것을 모래사장에 내려놓고 얼마간 떨어진 곳에 물러서서 지켜보는 것이었다.

로빈슨은 그 때서야 마음을 놓고 배를 완전히 기슭에 대고 육지에 올랐다. 로빈슨이 먹을 것을 들고 배로 돌아오자, 토인들은 다시 바닷가로 몰려들어 서로 무어라고 떠들기도 하고 웃기도 하였다.

로빈슨은 그들을 향하여 꾸벅 절을 하면서 고맙다는 시늉을 하였다.

'감사의 표시로 줄 적당한 것이 없을까?'

로빈슨은 이런 생각을 하였다.

그 때, 토인들이 갑자기 자지러지는 듯한 고함 소리를 지르면서 한쪽으로 "와." 몰려왔다. 그 순간 숲 속에서 두 마리의 표범이 튀어나왔다.

토인들은 앞을 다투어 도망치느라고 정신이 없었다.

그러나 표범들은 웬일인지 토인들은 거들떠보지도 않고 바다에 뛰어들어 배를 향하여 곧장 헤엄쳐 왔다.

로빈슨은 얼른 총을 집어들고 정확히 겨냥하여 방아쇠를 당겼다. 총알은 보기 좋게 한 표범의 머리에 맞았다. 표범은 물 속에 가라앉았다가 곧 다시 떠올라 몸부림을 치면서 육지를 향하여 헤엄쳐 갔다. 그러나 도중에서 기진맥진한 듯 축 늘어지더니 그대로 바닷속에 가라앉아 버렸다. 그리고 나머지 한 마리는 기겁을 하여 허둥지둥 기슭에 오르더니 숲 속으로 부리나케 도망쳐 버렸다.

"오오!"

토인들은 손뼉을 치면서 로빈슨을 칭찬하였다. 그러면서도 한편 토인들은 요란한 총소리와 총알의 놀라운 힘에 겁을 집어먹는 것 같았다. 토인들은 물 속에서 표범의 시체를 건져 내어 가죽을 벗기고, 제일 맛있는 살점을 베어 내어 로빈슨에게 주려고 하였다.

"그건 필요 없으니 그 대신 가죽을 주시오."

로빈슨은 또다시 시늉을 해 보였다. 그러자 토인들은 고개를 끄덕이더니 가죽을 내주었다.

"그리고 물을 좀 줄 수 없겠소?"

로빈슨은 빈 항아리를 흔들어 보였다. 그러자 토인 여자 두 사람이 큼직한 항아리에 물을 가득 떠왔다.

"이 물을 받아서 항아리에 넣어라."

로빈슨은 줄리에게 일렀다. 줄리는 그 항아리의 물을 이쪽 세 항아리에 모두 옮겨 부었다.

"고맙소!"

로빈슨은 연방 고개를 끄덕여 보이고 나서 돛을 올리고 배를 달리기 시작하였다. 토인들은 뒤따라오면서 뭐라고 소리를 지르며 손을 흔들어 작별 인사를 하였다.

고마운 선장

로빈슨은 마냥 배를 몰고 항해를 하였다. 그러나 가도 가도 하늘과 바다뿐이고 항구는 물론 배 한 척도 눈에 띄지 않았다.

로빈슨과 줄리는 날마다 푸른 물결만 바라보면서 한숨을 내쉬었다. 이렇게 항해를 계속한 지 12일째 되는 날이었다.

뱃머리에 서 있던 줄리가 갑자기 큰 소리로 외쳤다.

"로빈슨, 저기 배가 와요."

"뭐라고?"

로빈슨이 바라보니, 과연 멀리 수평선 근처에 한 척의 배가 떠 있었다. 그 배는 이쪽을 향하여 오고 있었다. 잠시 후, 수많은 돛을 단 상선의 모습이 뚜렷이 보였다.

"포르투갈의 배 같구나!"

로빈슨은 이렇게 중얼거리면서 상선을 향하여 키를 돌렸다. 그러나 이쪽 배가 아무리 급하게 서둘러도 곁에 다가가기 전에 상선은 지나쳐 버릴 것 같았다.

로빈슨은 급히 윗옷을 벗어들고 흔들면서,

"우리를 구해 주세요!"

하고 신호를 보내었다.

그러나 상선에서는 아무 기별도 없었다.

로빈슨은 줄리에게 말하였다.

"줄리, 총을 쏘도록 해!"

이런 상태에서는 그렇게 해서라도 신호를 보낼 수밖에 없었다. 줄리는 곧 총을 쏘았다. 그러나 상선은 곧장 앞바다를 지나갔다.

"총을 쏘아도 몰라보나?"

로빈슨은 미친 듯이 윗옷을 흔들어 보이고, 줄리는 또다시 총을 쏘았다. 그러자 갑자기 상선이 멈추어 서는 것 같았다.

"아, 멈췄다!"

마침 상선의 선원이 망원경을 보고 있다가 이쪽을 발견하였다. 상선은 곧 돛을 내리고, 이쪽에서 접근해 오기를 기다리고 있었다.

로빈슨은 열심히 배를 몰아 상선 가까이에 이르렀다.

선원들은 로빈슨과 줄리를 갑판으로 끌어올리고 빙 둘러섰다. 그들은 여러 가지 말을 하였으나, 그것이 어느 나라 말인지 로빈슨은 전혀 알아들을 수가 없었다. 로빈슨은 완전히 벙어리가 되어 버렸다. 그러자 스코틀랜드의 선원 하나가 영어로 물었다.

"당신은 어느 나라 사람이오?"

로빈슨은 귀가 번쩍 띄어 얼른 대답하였다.

"예, 영국 사람이오."

"이름은?"

"로빈슨 크루소라고 하오."

"어디로 가는 길이오?"

로빈슨은 영국을 떠나 오늘에 이르기까지의 모든 이야기를 자세히 들려주었다. 스코틀랜드의 선원은 로빈슨의 말을 다 듣고 나서 말하였다.

"아, 그래요? 정말 고생이 많았구려."

선장을 비롯하여 선원들도 그가 통역해 들려준 말을 듣자, 로빈슨의 처지를 동정하며 친절히 대하여 주었다. 그 배는 브라질로 가는 길이었다. 선장은 로빈슨에게 브라질까지 함께 가자고 하였다.

"이렇게 구해 주셔서 정말 고맙습니다."

로빈슨은 말을 이었다.

"죽을 때만 기다리고 있었는데, 덕분에 목숨을 건지게 되었습니다. 이 은혜를 무엇으로 갚아야 할지 모르겠군요."

절망의 구렁텅이에서 구출된 로빈슨의 기쁨은 말로 다 표현할 수 없었다. 로빈슨은 이에 대한 보답으로 자기의 배와 소지품 전부를 선장에게 기증하겠다고 하였다. 그러자 선장은 고개를 가로저었다.

"아니오. 보답을 받기 위하여 당신을 구해 준 건 아니야. 남이 어려운 처지에 있을 때 구해 주는 건 뱃사람의 도리지. 나도 언젠가 난파되어 남의 손에 구조될지 모르는 거야."

선장은 이렇게 말하고, 로빈슨과 줄리를 브라질까지 돈 한푼 받지 않고 데려다 주겠다고 약속하였다.

로빈슨은 말없이 선장의 손을 꽉 잡았다.

"선장님을 생명의 은인으로 한평생 모시고 싶습니다."

"뭘요, 나는 당연히 해야 할 일을 했을 뿐이오. 브라질에 가서 당신을 내려줄 테니, 갖고 있는 물건을 팔아서 여비를 마련하여 영국으로 돌아가시오."

선장은 다른 선원들을 향하여 말하였다.

"아무도 이 사람의 물건에 손을 대어서는 안 된다."

선장은 로빈슨의 물건 이름을 일일이 적어서 보관하고 증서를 써 주었다. 그 중에는 세 개의 하찮은 물항아리까지 포함되어 있었다.

선장은 로빈슨이 타고 있던 배를 보더니 말하였다.

"흠, 아주 좋은 배군. 혹시 당신에게 필요 없다면 우리에게 파시오."

"팔다니요? 선장님께서 원하신다면 그냥 드리지요."

"아니오, 내가 사겠소. 얼마면 되겠소?"

"선장님, 별말씀을 다 하십니다. 그냥 가지십시오."

"참 고집도 세군요. 그럼 내가 먼저 값을 말하겠소. 에스파냐 금화로 80닢이면 어떻겠소?"

로빈슨은 하는 수 없이 돈을 받았다. 그 돈이면 로빈슨이 줄리와 함께 영국으로 돌아가는 뱃삯을 하고도 남았다. 로빈슨은 선장의 친절한 마음씨에 더욱 감사하였다.

"그리고 당신에게 또 한 가지 부탁이 있소."

"뭔데요?"

"저 토인 소년을 나에게 넘겨줄 수 없소?"

선장이 말하였다. 그러나 로빈슨은 이 말에는 선뜻 대답하기 어려웠다. 지금까지 생사를 같이해 온 충실한 줄리와 헤어지고 싶지 않았다.

선장도 이런 로빈슨의 마음을 짐작하였는지, 이렇게 말하였다.

"당신도 저 아이와 헤어지고 싶지 않을 테지만, 내가 저 아이를 맡게 되면 훌륭한 선원으로 키울 생각이오. 그리고 만일 저 아이가 기독교 신자가 되면 10년 후에는 자유의 몸이 되도록 하겠소."

로빈슨은 이 말을 듣고 줄리의 장래를 위해서는 그렇게 하는 것이 도움이 되리라고 생각하였다. 그래서 줄리에게 의견을 물었더니, 줄리는 울면서 떨어지지 않으려고 하였다.

그러나 줄리의 행복을 생각하고 또 선장의 큰 은혜에 보답하기 위해 로빈슨은 줄리를 타일렀다. 그러자 줄리는 겨우 승낙을 하였다. 로빈슨은 줄리를 선장에게 맡기기로 하였다.

배는 항해를 계속하여 브라질의 어느 항구에 도착하였다.

로빈슨은 선장을 찾아가서,

"선장님, 그 동안 신세가 많았습니다. 이 은혜는 언제까지나 잊지 않겠습니다."

하고 진심으로 감사하고 뱃삯을 내려고 하였다. 그러나 선장은 끝내 받지 않았다. 그리고 배 이외의 표범 가죽도 사기로 하고 넉넉한 값을 치러 주었다. 뿐만 아니라, 그 고장에서 제일 큰 사탕수수 농장을 가지고 있는 사람에게 소개장까지 써 주면서 그 곳으로 찾아가라고 하였다.

"선장님, 여러 가지로 고맙습니다. 안녕히 계세요!"

"잘 가시오, 로빈슨. 부디 좋은 날이 되기를 바라오."

로빈슨은 선장과 작별하고 나서 줄리의 손을 꽉 잡았다.

"로빈슨, 안녕히 가세요."

줄리는 눈물을 글썽거렸다.

"줄리, 선장님 말씀 잘 듣고 훌륭한 선원이 되도록 노력하렴!"

로빈슨도 눈시울이 뜨거워 발길이 잘 떨어지지 않았다. 부두에서는 여러 나라 사람들과 흑인 일꾼들이 분주히 일을 하고 있었다. 로빈슨은 눈을 돌려 배를 바라보았다. 줄리는 갑판 위의 선장 옆에 서서 열심히 손을 흔들고 있었다.

'잘 있거라, 줄리야. 행복을 빈다.'

로빈슨은 마음속으로 이렇게 외치면서 모자를 높이 흔들었다.

불타는 야심

로빈슨은 선장이 소개해 준 사탕수수 농장 주인을 찾아갔다.

그 주인도 아주 친절한 사람이었다. 주인이 말하였다.

"흠, 사정을 듣고 보니 딱하군. 얼마 동안이라도 우리 집에 머물면서 농장 일을 거들어 주게."

그래서 로빈슨은 날마다 농장에서 사탕수수를 재배하는 일을 돕게 되었다. 이윽고 로빈슨은 그 일에 익숙하여졌다.

'음, 나도 사탕수수를 재배하면 돈을 벌 수 있겠군.'

로빈슨은 선장에게 받은 돈을 모두 들여 땅을 사서 자기의 농장을 만들었다. 그는 어느 새 그 고장의 말에도 익숙해지고, 이웃 사람들과도 가까이 지내게 되었다. 첫 해에는 별로 수입을 올리지 못하였으나, 이듬해부터는 차츰 나아져 3년째 되는 해에는 담배도 재배하기 시작하였다.

'이 상태로만 간다면 나는 어엿한 지주가 될 수 있을 것이다. 그렇게 되면 어깨를 쭉 펴고 고향으로 돌아가야지. 아버지와 어머니는 얼마나 기뻐하실까!'

로빈슨은 이런 생각을 하자 가슴이 벅차올랐다. 만일 로빈슨이 농장 일에만 열중하였다면 그는 정말 돈을 많이 모아 그가 생각하였던 꿈을 이루었을 것이다. 그러나 타고난 천성은 어쩔 수 없었다.

로빈슨은 날마다 똑같은 일을 되풀이하며 아무 변화도 없는 조용한 생활이 차츰 따분하게 생각되어 견딜 수가 없었다.

어느 날 밤, 로빈슨은 이웃 사람들과 이야기를 주고받다가 문득 아프리카의 기니 지방으로 장사하러 갔던 때가 생각나서 말하였다.

"아프리카의 기니 지방에 장난감이나 칼, 빨간 옷감 따위를 가지고 가면 토인들은 앞을 다투어 금이나 상아를 내놓고 바꾸어 가지요. 한 번만 다녀와도 큰돈을 벌 수 있어요."

사람들은 눈이 동그래서 로빈슨의 말에 귀를 기울였다. 로빈슨은 신이 나서 항해에 대한 즐거운 이야기와 외국의 놀라운 풍경, 그리고 토인들의 진기한 풍속에 대하여 이야기하여 주었다. 그러는 동안에 로빈슨은, 소년 시절부터 가슴에 뿌리박힌 모험심과 바다에 대한 동경이 어느 사이에 또다시 고개를 들어 온몸의 피가 끓어올랐다.

사람들은 로빈슨의 이야기를 열심히 듣고 각자 집으로 돌아갔다. 그런데 다음 날 그 중의 세 사람이 로빈슨을 찾아와 말하였다.

"로빈슨 씨, 실은 어젯밤 당신의 이야기를 듣고 곰곰이 생각해 보았소. 그래서 그 일에 대하여 의논하려고 하는데요……."

그들은 배를 한 척 구해 가지고 아프리카로 장사를 하러 가려는데 로빈슨도 같이 가지 않겠느냐고 물었다.

로빈슨은 그 이야기를 듣고 나서,

"글쎄요……."

하고 고개를 갸우뚱거렸다.

그 세 사람은 사탕수수를 재배하는 농장의 주인으로서는 아직 성공하지 못한 사람들이었다. 로빈슨은 그들에 비하면 일이 잘되어 상당한 부자가 되어 있었다. 그런 안정된 생활을 내동댕이치고 위험한 항해에 뛰어든다는 것은 어리석은 짓이 아닌가 하는 생각도 들었다. 그러나 로빈

슨은 돈벌이보다도 넓은 바다로 나가고 싶은 생각이 앞섰다.

'나는 역시 바다에서 활동하게 하늘이 정해 준 사람이다. 이번 항해에서 잘만 하면 엄청난 재산을 만들 수 있을 것이다.'

로빈슨은 이렇게 생각하고 기니를 향하여 떠나기로 마음먹었다.

로빈슨은 다른 세 사람과 여러 가지 물건을 사들이기로 하였다. 배도 마련되어 선장과 선원들을 고용하고, 아프리카 토인들에게 팔 물건들을 잔뜩 실었다. 그리고 친구를 만나 이렇게 부탁하였다.

"내가 없는 동안에 내 농장을 잘 돌봐 주시오. 그 대신 농장에서 나는 수확은 당신이 다 가져도 좋소. 만일 내가 돌아오지 않으면 포르투갈 선장에게 농장을 마음대로 처분하라고 전해 주세요."

드디어 아프리카로 떠날 날이 다가왔다. 그것은 1659년 9월 1일의 일이었다. 배는 120톤의 범선으로 6문의 대포까지 장치되어 있었다. 승무원은 로빈슨과 선장 이외에도 열다섯 명이나 되었다.

배는 순풍에 돛을 달고 브라질 해안의 북쪽을 향하여 가볍게 미끄러져 갔다. 이것은 로빈슨이 스물일곱 살 때의 일이었다. 그러나 그것은 로빈슨에게 견디기 힘든 시련을 불러들이는 일의 시초가 되었다. 이것은 신이 아닌 인간으로서는 도저히 미리 알 수 없는 일이었다.

이 날이 바로 로빈슨이 넓은 바다 한복판에 우뚝 솟아 있는 외로운 섬에서 20여 년 동안이나 눈물겨운 어려움을 겪게 된 첫발을 내디딘 날이었다.

풍랑을 헤치고

당시에 브라질에서 아프리카로 항해를 하려면, 북쪽으로 배를 몰았다가 다시 동쪽으로 나가게 마련이었다.

선장은 배가 세인트오거스틴 해안을 지나자 뱃머리를 바다 한복판으로 돌려 달리기 시작하였다. 그 후 12일 만에 적도를 지났을 때, 하늘을 바라보던 선원 하나가 외쳤다.

"아, 큰일났다. 폭풍이 몰려온다!"

잠시 후, 과연 세찬 바람이 불어닥치더니 배는 나뭇잎같이 흔들리기 시작하였다. 그리고 산더미 같은 파도가 당장이라도 배를 삼켜 버릴 것만 같았다.

"아, 이제는 다 틀렸다!"

배 안의 사람들은 이렇게 중얼거리면서 얼굴이 새파랗게 질려 있었다. 갑판에 있던 두 선원은 어느 새 파도에 휩쓸려 버렸다. 배가 성난 파도에 밀려 10일쯤 떠내려간 다음에야 폭풍은 조금씩 가라앉기 시작하였다. 배의 위치를 살펴보니, 브라질 북쪽 앞바다를 떠돌고 있었다. 돛도 찢어지고, 선체도 몇 군데 구멍이 뚫려 물이 스며들고 있었다.

"이대로는 도저히 아프리카로 갈 수 없겠는걸!"

선장은 한숨을 내쉬었다.

그러자 로빈슨이 말하였다.

"그렇다고 브라질로 되돌아간다는 것은 억울한 일 아니오? 차라리 서인도 제도에 들러서 배를 고쳐 가지고 아프리카로 떠납시다."

선장도 로빈슨의 의견에 찬성하였다. 그래서 배는 서북쪽으로 방향을 돌렸다. 그러나 얼마 안 가서 또다시 심한 폭풍이 휘몰아쳐서, 배는 나뭇잎처럼 흔들리며 서쪽으로 흘러갔다. 하루가 지나고 이틀이 지나도 폭풍은 가라앉지 않고 바다는 계속해서 으르렁거리기만 하였다.

어느 날 선원이 갑판에서 망을 보고 있다가 외쳤다.

"육지가 보인다!"

그 소리에 깜짝 놀라 모두들 선실에서 부리나케 갑판으로 뛰어올라갔다. 그 때 쿵 소리가 나며 배 밑에서 요란한 소리가 들리더니 배가 옆으로 크게 기우뚱거렸다. 그러자 갑판에 서 있던 선원들은 모두 그 자리에 쓰러지고 말았다.

"암초다, 암초에 걸린 거다!"

선원의 고함 소리가 들려왔다.

기울어진 배 위에 산더미처럼 파도가 밀려왔다.

"도망쳐라!"

모두 허겁지겁 선실로 달려갔다.

"또다시 파도가 부딪쳐 오면 배가 부서지겠는걸!"

"그렇게 되면 꼼짝없이 목숨을 잃겠군."

모두 얼싸안다시피 하고 중얼거렸다.

그 때 갑자기 '우지직' 하고 배가 부서져 나가는 소리가 들렸다.

"빨리 보트를 타고 빠져 나가야 해!"

선장이 외쳤다.

"보트를 타도 이 파도에 견디어 낼 수 있겠어요?"

한 선원이 말하였다.

"가만히 있다가 배와 함께 빠져 죽는 것보다는 낫지 않겠소?"

선장의 말에 모두 갑판으로 올라가 밧줄에 매달리며 고물 쪽으로 갔다. 그러나 보트는 보이지 않았다. 파도에 휩쓸려 떠내려간 것이었다.

왼쪽 뱃전에 겨우 한 척의 보트가 매달려 있었으므로, 모두들 힘을 모아 그 보트를 바다에 띄웠다. 일행은 간신히 보트에 옮겨 타고 육지를 향하여 노를 저었다.

그러나 육지가 가까워질수록 파도는 더욱 사납게 몰려와 당장이라도 보트를 삼켜 버릴 것만 같았다. 마치 죽음의 손길이 손을 길게 내뻗고 있는 것만 같았다. 모두들 열심히 노를 저었다. 그러나 잠시 후에 산더미 같은 파도가 몰려와 쾅 하는 소리와 함께 보트는 뒤집히고 말았다.

로빈슨은 정신없이 허우적거리며 헤엄쳐 나갔다. 로빈슨은 고개를 치켜들고 동료들을 살펴보았으나 한 사람도 눈에 띄지 않았다.

'아, 나 혼자만 살아남았구나!'

로빈슨은 파도에 시달리면서 생각하였다.

로빈슨은 열심히 헤엄을 쳤지만 밀어닥치는 파도에 숨도 제대로 쉴 수 없었다. 그 순간 깜박 정신을 잃었다.

문득 정신을 차려 고개를 들고 사방을 살펴보니, 파도에 밀려 모래 기슭에 닿아 있었다.

'파도에 또 휩쓸리기 전에 빨리 기슭으로 올라가자.'

로빈슨은 이렇게 생각하고 몸을 일으켜 달음질쳤으나 밀려오는 파도에 다시 휩쓸렸다. 그는 있는 힘을 다하여 기슭을 향하여 달렸다. 그러나 다시 밀려온 파도는 로빈슨을 실어 바위 위에 내동댕이쳤다.

"으음……."

로빈슨은 신음 소리를 내며 한동안 쓰러져 있었다. 그러나 다시 기운을 내어 간신히 일어나 바다에서 육지로 헤엄쳐 나왔다.

"후우!"

한숨을 내쉬며 로빈슨은 주위를 둘러보았다. 그러나 한 사람도 눈에 띄지 않았다.

'나 혼자만 살아남고 모두 바다에 빠져 죽었단 말인가?'

이렇게 생각하자 가슴이 미어지는 것 같았다. 그리고 자신만이 살아남게 된 것이 하느님의 도움이라는 생각이 들었다.

로빈슨은 무릎을 꿇고 하늘을 우러러 기도를 하였다.

겨우 살아남았지만

로빈슨은 곧 불안에 싸여 마음을 가눌 수가 없었다.

'대체 여기는 어디인가? 나는 장차 어떻게 살아야 하나?'

로빈슨은 겨우 살아남았지만 이제 굶어 죽을지도 모른다는 생각이 들었다. 온몸이 흠뻑 젖어 있는데 당장 갈아입을 옷도 없었다. 그보다도 무서운 짐승이나 야만인의 습격이라도 받게 되면 어떻게 하여야 될지 매우 걱정스러웠다.

로빈슨은 자기 몸을 보호할 만한 것을 찾아보았으나 그런 것이 하나도 없었다. 몸에 가진 것이라고는 주머니 속에 들어 있는 칼 한 자루와 파이프, 그리고 담뱃갑뿐이었다. 로빈슨은 주위를 살펴보았다.

"오리와 새나 노루 따위의 짐승이 있다고 하여도 이래서야 무엇을 잡아먹는담? 사나운 맹수가 나타나면 꼼짝없이 당하겠구나……."

로빈슨은 중얼거리며 아무리 두리번거려도, 몸을 위험에서 지켜낼 만한 마땅한 것을 발견하지 못하였다. 그런데 마침 큼직한 바위 그늘에서 맑은 샘물이 솟아오르는 것이 보였다.

로빈슨은 얼른 엎드려 꿀꺽꿀꺽 물을 마셨다. 그러자 생기가 났다. 파도에 지칠 대로 지친 로빈슨은 우선 한잠 푹 자고 싶었다. 그러나 아무 데서나 함부로 잘 수가 없었다. 맹수에게라도 발견이 되면 잡아먹힐지 모르기 때문이었다. 로빈슨은 사방을 두리번거리며 생각하였다.

'옳지, 저 나무 위라면 짐승이 와도 안심할 수 있을 거야.'

그는 눈앞에 있는 큰 나무로 올라갔다. 로빈슨은 나뭇가지 위에서 떨어지지 않을 안전한 잠자리를 찾아 내어 반듯이 드러눕자 곧 잠들었다.

얼마나 지났을까, 문득 눈을 뜨니 밝은 아침 햇살이 나뭇가지 사이로 눈부시게 비쳐왔다. 하늘은 구름 한 점 없이 맑게 개고, 바다는 거울처

럼 잔잔하였다. 어제까지 휘몰아치던 폭풍은 거짓말처럼 사라져 버렸다.

"저런!"

로빈슨은 눈이 휘둥그레지면서 소리쳤다. 난파선이 밤 사이에 밀물에 밀려 해변 가까이까지 밀려왔던 것이었다.

'저 배에 먹을 것과 무기와 그밖에 여러 가지 도구도 있을 것이다. 저 배까지는 2킬로미터 가량밖에 되지 않을 것이다. 곧 가 보기로 하자.'

로빈슨은 이렇게 생각하며 나무에서 내려왔다. 그리고 정오가 지났을 무렵, 바닷물이 나간 모래 사장을 지나 배를 향하여 걸어갔다.

'모두들 살아 있다면 얼마나 좋을까! 너무 서둘러 보트로 옮겨 탄 것이 잘못이었다. 차라리 배에서 내리지 않았더라면 좋았을걸…….'

로빈슨은 같은 배에 탔던 동료들과 선원들에 대하여 생각하니 눈물이 핑 돌았다. 배가 4백 미터쯤 떨어져 있는 지점부터는 물이 깊어, 로빈슨은 헤엄을 쳐서 갔다. 뱃머리까지 가 보니 배가 너무 높아서 좀처럼 올라갈 수가 없었다.

로빈슨은 두 번이나 배 주위를 돌면서 헤엄치는 동안에, 다행히 뱃머리에서 가느다란 밧줄이 내려져 있는 것을 발견하였다. 하늘이 도운 것으로 생각하고 로빈슨은 그 밧줄을 붙잡고 간신히 배에 기어올라갔다.

뱃머리는 크게 파손되었고, 밑바닥에도 구멍이 뚫려 배 안에는 물이 가득 고여 있었다. 그러나 선실이나 창고는 모래 위에 올라앉았으므로 물이 스며들지 않았다. 그래서 식량도 젖지 않았다.

로빈슨은 식량 창고에서 비스킷을 찾아 내어 우물우물 씹으면서 선실을 돌아보았다. 선실에는 럼주 여러 병이 남아 있었다. 로빈슨은 술병을 따서 한 모금 들이켰다. 그러자 온몸이 훈훈해지면서 생기가 되살아나는 것 같았다. 선실에는 육지로 가져가고 싶은 것이 많이 있었다.

'저것도 가져가야겠고, 이것도 필요한 물건인데……. 어떻게 하지?'

그런데 정말 속상한 것은 물건을 실어 나를 보트가 없다는 것이었다.

'좋은 방법이 없을까?'

로빈슨은 하늘에 떠 있는 흰 구름을 멍하니 바라보다가 문득 어떤 생각이 머리에 떠올랐다.

'옳지, 뗏목을 만들면 되겠군! 진작 그 생각을 했어야 하는 건데…….'

그는 고개를 끄덕였다. 그리고 그 배 안을 이리저리 돌아다니면서 통나무를 주워 모았다. 그 통나무는 돛대나 돛 위에 가로 댄 나무인 활대가 부러졌을 때, 대신 이어 쓰기 위하여 마련해 둔 것이었다.

로빈슨은 그 통나무를 밧줄로 묶어 뗏목을 만들어 바다로 내던졌다. 그리고 그 위로 뛰어내려 보니 뗏목이 하도 휘청거려 도저히 무거운 물건을 실을 수 없을 것 같았다.

'안 되겠는걸.'

로빈슨은 다시 배로 올라와 도끼로 돛대를 세 동강으로 잘라서 뗏목에 작당한 간격으로 붙잡아 매었다. 그러자 튼튼한 뗏목이 되었다.

'자, 이제부터 짐을 싣자.'

로빈슨은 먼저 배 안에 있던 널빤지를 닥치는 대로 꺼내어 뗏목 위에 실었다. 이제 섬에 오두막이라도 지을 수 있는 재료가 생긴 것이었다. 다음에는 선원들이 소지품을 넣어 두었던 나무 상자에 빵과 치즈와 말린 양고기, 럼주 병, 그리고 밀가루를 뗏목에 실었다. 그리고 목수의 연장이 들어 있는 상자와, 장총과 권총 각각 두 자루와 탄약과 칼도 실었다. 이 모든 것은 나중에 로빈슨에게 매우 소중한 것들이 되었다.

로빈슨이 뗏목을 젓기 시작하였을 때, 갑자기 갑판 위에서 컹컹 하는 개 짖는 소리가 들려왔다. 깜짝 놀라 올려다보니, 선장이 기르던 개 한 마리가 보였다. 로빈슨이 휘파람을 불자 개는 곧 바다 위로 뛰어들어 뗏목까지 헤엄쳐 왔다. 로빈슨은 옛 친구를 만난 것처럼 반가웠다.

"잘 왔다. 정말 반갑구나."

로빈슨이 개를 뗏목 위로 끌어올려 주자, 개는 기쁜 듯이 꼬리를 흔들었다. 로빈슨은 육지를 향하여 뗏목을 저어갔다. 그러나 밀물 때문에 엉뚱한 방향으로 떠내려가고 있었다. 그 곳은 강이 바다로 흘러 들어가는 지점이었다.

그 때 갑자기 뗏목이 크게 기울어, 실었던 짐들이 바닷속으로 굴러 떨어지려고 하였다. 로빈슨은 깜짝 놀라 급히 뛰어가 짐을 꽉 붙들고 버텼다. 이러고 있기를 30분, 팔이 뻐근해지고 두 다리는 막대기처럼 뻣뻣해졌다.

이윽고 밀려드는 조수 때문에 뗏목이 차츰 떠올랐다. 로빈슨은 삿대를 부지런히 저으면서 강을 향하여 거슬러 올라갔다. 그러자 마침 적당한 장소가 눈에 띄었다. 그는 알맞은 곳에 뗏목을 멈추고 밧줄로 기슭의 나무 밑동에 단단히 붙들어 매고, 짐들을 육지로 옮겼다.

무인도에서

로빈슨은 외딴 섬의 나무 그늘에 앉아, 다음에 할 일을 생각하였다. 우선 이 섬의 형편을 살펴보기 위하여 강기슭에 있는 높은 산에 올라가 사방을 바라보았다. 집이라고는 하나도 보이지 않고 주위는 망망한 푸른 바다뿐이었다. 그 곳은 사람이 살지 않는 조그마한 섬이었던 것이다.

"아아!"

로빈슨은 자기도 모르게 한숨이 나왔다.

게다가 그 섬은 보통 배가 다니는 항로에서 훨씬 떨어진 곳에 자리잡은 곳이었다. 그러므로 근처를 지나가는 배를 구경한다는 것은 바랄 수 도 없는 노릇이었다.

'아, 나는 언제까지나 이 섬에서 혼자 살아야 하나?'

이렇게 생각하니, 로빈슨은 온몸의 힘이 한꺼번에 빠져 나가는 것 같았다. 그러다 얼마 후에는 혼자서 살아갈 궁리를 해야만 하였다.

'기운을 내야지. 이대로 축 늘어져 있어 봐야 죽는 길밖에 없다.'

무엇보다 걱정이 되는 것은 사나운 야만인이나 무서운 짐승이 덤벼들지 않을까 하는 것이었다.

로빈슨은 몸을 일으켜 숲과 골짜기와 바닷가를 유심히 살펴보았다. 움직이는 것이라고는 바람에 흔들리는 나뭇가지뿐이었다. 그리고 사람의 그림자는 물론, 굴뚝의 연기 한 줄기 솟아오르지 않았다. 로빈슨은 우선 마음을 놓았으나, 곧 자기 혼자라는 외로움을 뼈저리게 느꼈다.

언덕을 내려오다가, 나뭇가지에 새 한 마리가 앉아 있는 것을 보고 총으로 쏘아 떨어뜨렸다. 많은 새들이 총소리에 놀라 이리저리 날아다니면서 시끄럽게 울어 대었다.

그러나 로빈슨이 이름을 알 만한 새는 한 마리도 눈에 뜨이지 않았다. 총을 쏘아 떨어뜨린 새는 매처럼 생겼는데, 고약한 냄새가 나서 풀밭에 버렸다.

'이제는 뗏목에 있는 짐을 끌어올려야지.'

그런데 이 일도 혼자서 하자니 여간 더딘 것이 아니었다. 어느 새 날이 저물었다.

'오늘 밤에는 어디서 자야 하나?'

로빈슨은 한참 생각한 끝에 배에서 가져온 상자와 널빤지로 울타리를 만들고, 그 안에 들어가 총을 머리맡에 놓고 누웠다. 개도 로빈슨 옆에 누웠다. 그러나 언제 무슨 일이 일어날지 알 수 없으므로, 로빈슨은 하룻밤을 뜬눈으로 지새웠다.

아침이 되자 로빈슨은 냇가에 가서 세수를 하고 배에서 가져온 비스킷으로 아침을 먹었다. 배는 여전히 같은 장소에 머물러 있었지만, 다시 폭풍이 닥쳐오면 산산조각이 날 것이므로 빨리 배 안의 물건들을 육지로 운반해 와야 하였다. 로빈슨은 배를 향하여 뗏목을 저어 나갔다.

로빈슨은 배의 창고에서 못이 들어 있는 자루와 칼을 가는 숫돌과 지렛대, 탄환 등을 뗏목에 실었다. 그리고 선원들의 옷과 공중에 달아매는 그물 침대와 찢어진 돛 조각도 갖고 가기로 하였다.

로빈슨은 뗏목에다 이런 여러 가지 물건을 싣고 육지로 돌아오면서, 자기가 없는 사이에 사나운 짐승들이 나타나 먹을 것을 가져가지나 않았는지 무척 걱정스러웠다.

그러나 돌아와 보니 달라진 것은 하나도 없었다. 다만 산고양이 같은 짐승 한 마리가 상자 위에 앉아 있는데, 로빈슨을 보고도 도망치려 하지 않았다. 그래서 총을 겨누었으나 조금도 겁을 내지 않았다.

'흠, 이 놈은 총이 뭔지도 모르는 모양이군!'

로빈슨은 어쩐지 귀여운 생각이 들어 비스킷 하나를 던져 주었다. 그러자 잠깐 냄새를 맡아보고 나서 얼른 먹어 버리더니 '야옹' 하고 울었다. 마치 하나 더 달라고 조르는 것 같았다.

"안 돼. 이건 내 소중한 양식이야."

로빈슨이 손을 내저었다. 그러자 산고양이는 어디론가 가 버렸다.

로빈슨은 뗏목에 실어 온 짐들을 육지에 모두 끌어올리고, 돛폭과 통나무 몇 개를 이용하여 조그마한 천막을 쳤다. 그러고 나서 짐들을 그 안으로 옮겨놓았다. 이제는 비가 와도 걱정이 없었다. 또 야만인이나 사나운 짐승이 습격을 해와도 막아 낼 자신이 있었다.

그 날, 로빈슨은 하루 종일 짐을 나르고 정돈을 하였다.

날이 어두워지자 로빈슨은 천막 안 나무 침대에 드러누워 금방 잠들었다. 지난 밤에 한잠도 자지 못한데다가 온종일 일을 하여 몹시 지쳤기 때문이다.

그 다음 날에도 로빈슨은 배로 가서 나머지 물건들을 날라 왔다. 비스킷이 들어 있는 큼직한 통과 설탕 한 상자, 밀 한 통, 술이 들어 있는 병 세 개 등, 그것들은 모두 로빈슨에게 요긴한 것들이었다.

그밖에 무거운 쇠사슬과 굵은 철사 다발도 실었는데, 부피가 크고 무거웠기 때문에 뗏목이 잘 저어지지 않더니 마침내 뗏목이 뒤집히고 말았다. 다행히 기슭에서 얼마 떨어지지 않아 로빈슨은 물 속에서 곧 올라왔으나, 짐은 모두 가라앉고 말았다. 로빈슨은 너무 안타까웠으나, 썰물 때 철사 다발 같은 것은 끌어 낼 수 있을 것이라고 생각하였다.

섬에 온 지 10여 일이 지나자 바람이 몰아치기 시작하였다. 하늘을 바라보니 구름의 움직임이 심상치 않았다.

'폭풍우가 닥쳐올지 모르겠군. 그렇게 되면 저 배와도 작별이다. 얼른 가서 나머지 물건을 모두 가져와야지.'

로빈슨은 이렇게 생각하고 뗏목을 타고 가서 선실의 찬장을 열어 보니 나이프와 포크, 면도칼, 가위 등이 있었다. 그 다음에 선장실 장을 여니 서랍에는 자물쇠가 채워져 있었다. 억지로 비틀고 서랍을 열어 보았더니, 번쩍이는 금화와 은화가 가득 들어 있었다. 로빈슨은 깜짝 놀랐다.

'선장이 이렇게 많은 돈을 가지고 있었단 말인가?'

로빈슨은 그 돈을 물끄러미 바라보다가 저도 모르게 쓴웃음을 지으며 생각하였다.

'흠, 돈이 아무리 많으면 뭘 해! 지금의 나한테는 돈이 아무 소용도 없다. 차라리 칼 한 자루나 장도리 하나가 돈보다 소중해.'

그러다가 다시 생각을 하였다.

'가만 있자……. 지금은 쓸모가 없지만 혹시 구조선이 와서 나를 이 섬에서 구해 낸다면 그 때는 사정이 달라진다. 사례를 하거나 여비로 쓰려면 역시 돈은 필요한 것이다.'

로빈슨은 그 돈 전부를 다른 물건들과 함께 모조리 돛폭에 쌌다. 그 동안에 하늘은 갑자기 흐리기 시작하더니 바람이 세차게 불어 와 파도가 높이 일기 시작하였다.

뗏목은 이미 거센 파도가 몰아쳐 거의 다 망가졌다. 로빈슨은 뗏목을 손질할 겨를도 없이, 돛폭에 싼 짐을 허리에 붙들어 매고 급히 바닷속으로 뛰어들어 육지를 향하여 헤엄쳐 나갔다. 육지까지는 4백 미터 가량 떨어져 있었으나, 파도가 거칠어 헤엄치기가 무척 힘들었다. 게다가 허리에 찬 돈의 무게로 인해 자칫하면 몸이 송두리째 바다에 가라앉아 버릴 것 같았다.

'아, 역시 위급할 때는 돈 같은 것은 거추장스러울 뿐이다.'

로빈슨은 이렇게 생각하였다. 그러나 물 속이라서 돈 보따리를 끌러 버릴 수도 없었다. 로빈슨은 하는 수 없이 있는 힘을 다해서 헤엄쳐 겨우 바닷가에 이르렀다. 로빈슨은 모래사장에 기어오르자, "후우." 숨을 내쉬고 천막을 향하여 급히 달려갔다.

그날 밤에는 폭풍이 유난히 사나워서 천막이 금방 날아갈 것 같았다. 그래서 로빈슨은 뜬눈으로 밤을 지새웠다.

다음 날 아침, 날씨는 개었으나 바다에는 아직도 거센 물결이 일고 있었다.

"어, 배가 없어졌군!"

로빈슨은 다시 한 번 바다를 둘러보았으나 배는 보이지 않았다. 폭풍에 밀려 어디론가 흘러가 버린 것이었다.

로빈슨은 이렇게 배와 영원히 작별을 하고 말았다.

외딴 섬의 안식처

천막은 로빈슨이 살 집으로는 너무나 초라하였다. 로빈슨에게는 야만인이나 짐승, 그리고 어젯밤에 불어닥친 비바람 같은 것에도 끄떡없는 안전한 집이 필요하였다. 로빈슨은 적당한 장소를 찾아 새로 집을 마련하려고 하였다. 그 장소는 다음 네 가지 조건에 맞아야 하였다.

첫째로 야만인이나 짐승 같은 무서운 적이 습격을 해 와도 막아 낼 수 있는 안전한 곳이라야 한다. 둘째로 근처에 마실 수 있는 샘물이 있어야 한다. 셋째로 뜨거운 햇볕이 쨍쨍 내리쬐지 않는 곳이라야 한다. 넷째로 혹시 바다의 배가 지나갈 때면 구원을 청하는 신호를 할 수 있는 곳이라야 한다. 로빈슨은 이 네 가지 조건을 생각하면서 여기저기 적당한 장소를 찾아다녔다.

그러던 어느 날, 다행히도 바위산 절벽 아래에 있는 평지를 발견하였다. 넓이가 백 평방미터쯤 되는 풀밭이었다.

'여기라면 괜찮겠군. 뒤쪽은 험한 낭떠러지라 사람이나 짐승도 덤벼들지 못할 것이고, 앞쪽은 탁 트이어 바다를 내다볼 수 있다. 그리고 뒤에 솟아 있는 바위산은 햇빛을 어느 정도 가려 줄 것이다.'

로빈슨은 이런 생각을 하면서 고개를 끄덕였다. 그는 곧 집을 짓기 시작하였다.

먼저 낭떠러지 아래의 평지에 반지름 10미터 가량 되는 반원을 그리고, 거기에 집을 짓고 뜰을 마련하기로 하였다. 주위에는 높이 2미터쯤 되는 말뚝을 박아 튼튼한 울타리를 만들고 철사로 단단히 붙들어 매었다. 그리고 말뚝 끝은 뾰족하게 깎아 놓았다. 야만인이나 짐승이 울타리를 쉽게 뛰어넘지 못하게 하기 위해서였다. 울타리에는 출입문을 만들지 않고 짤막한 사다리를 이용하여 드나들기로 하였다. 로빈슨은 자신이 안에 들어왔을 때에는 그 사다리를 치워 버리기로 생각하였다.

'이제는 밤에도 마음을 푹 놓고 잘 수 있겠군.'

로빈슨은 이렇게 생각하였다.

그런데 울타리에 출입문을 만들지 않았기 때문에, 밖에서 큰 물건을 날라 올 때는 매우 불편하였다. 그러나 외부에서 언제 쳐들어올지 모르는 야만인이나 짐승의 습격을 막기 위하여서는 문을 만들지 않는 것이 안전하였다.

울타리를 만든다는 것은 어려운 일이었다. 숲 속에서 말뚝을 만들 만한 나무를 베어오는 것만 하여도 연장이 부족하여 매우 애를 먹었다. 나무를 하나 베는 데 반나절이 걸리기도 하고, 그것을 운반하여 도끼로 다듬어서 단단히 땅에 박는 데 하루가 걸리기도 하였다. 지붕은 천막을 두 겹으로 해서 만들고, 바깥쪽 천막에는 방수가 된 돛폭을 사용하였다. 열대 지방에서는 비가 내리는 계절이 되면 억수같이 퍼붓는다는 것을 로빈슨은 잘 알고 있었기 때문이다.

하루는 천둥이 요란하게 울리면서 금방 비가 쏟아질 것 같았다.

'화약을 잘 간수해야겠군.'

배에서 가져온 화약이 백 킬로그램쯤 있었는데, 만일 그 화약에 벼락이 떨어지면 무섭게 폭발할 것이 분명하였기 때문이다.

로빈슨은 급히 화약을 꺼내어 여러 개로 나누어 여기저기 있는 바위 창고가 필요하다는 생각이 들어, 돌 벽을 뚫고 굴을 만들기 시작하였다. 그 일도 정말 힘든 일이었다.

그는 집을 짓고 울타리를 만들고 굴을 파는 데 꼬박 반년의 세월을 보냈다. 그 동안에 로빈슨은 때때로 총을 들고 먹이를 찾아 들을 돌아다녔다. 그는 이 섬에는 산양이 많이 살고 있다는 것을 알게 되었다. 이 산양을 잡아먹으면 식량은 걱정할 필요가 없었다.

'이것 참 다행이로군!'

로빈슨은 기뻐하였다.

그런데 산양은 겁이 많고 걸음이 빨라 좀처럼 접근하기가 힘들었다.

어느 날, 로빈슨은 산양의 암놈 한 마리를 총으로 쏘아 잡았다. 그런데 그 근방에는 어미를 잃은 어린 산양이 넋을 잃고 서 있었다. 그것을 본 로빈슨은 무척 불쌍하다는 생각을 하였다.

'아차, 못할 짓을 했구나!'

로빈슨은 크게 후회를 하면서 어미산양을 어깨에 둘러메고 산에서 내려왔다. 그런데 새끼산양이 슬피 울면서 로빈슨의 뒤를 따라오더니, 마침내 로빈슨의 집까지 오게 되었다.

'옳지, 이 놈을 기르기로 하자.'

로빈슨은 이렇게 생각하고 새끼산양을 우리에 넣고 먹이를 주었다. 하지만 새끼산양들은 전혀 먹지도 않고, 싸늘해진 어미 산양의 젖에 매달려 빙빙 돌기만 했다.

로빈슨은 할 수 없이 새끼산양을 울타리 밖에 내놓았다. 저쪽 풀 언덕 풀밭 위에서 여러 마리의 산양들이 그 광경을 지켜보고 있었다.

"자, 저기로 가거라. 저기 네 아빠가 있다."

로빈슨은 새끼산양을 그 쪽으로 가게 하였다. 그러자, 새끼산양은 아장아장 걸어서 그 쪽으로 갔다. 로빈슨은 나무 그늘에서 그 모습을 바라보았다.

잠시 후, 저쪽에서도 한 마리의 산양이 달려오더니 새끼산양의 코를 핥아 주었다. 그러더니 여러 산양들이 모여 있는 곳으로 데리고 갔다.

로빈슨은 이 모습을 보면서 다시는 새끼가 딸린 산양은 쏘지 않을 것이라고 마음속에 굳게 다짐하였다.

그 후 로빈슨은 여러 가지 일에 쫓겨 바쁘게 여러 날을 보냈다.

'하루하루 이렇게 살다가는 오늘이 며칠인지도 모르게 되겠는걸.'

로빈슨은 이 섬에 온 지 10일 만에 이런 생각을 하고 널빤지에다 칼로 이렇게 새겼다.

1659년 9월 30일, 로빈슨 크루소가 이 섬에 왔다.

그리고 그 널빤지를 못으로 기둥에 박고 십자가처럼 땅 위에 세웠다.

로빈슨은 그 후부터 그 기둥에다 날마다 칼로 홈을 하나씩 파고, 한 달이 되는 날에는 홈을 길게 내어 달력으로 삼았다. 로빈슨이 배에서 가져온 물건 중에는 펜과 잉크, 종이, 망원경, 항해술에 관한 책, 그리고 성경도 들어 있었다. 날마다 그 종이에 일기를 써 가다 보니 결국 잉크가 떨어졌다.

'잉크를 어떻게 만든담?'

로빈슨은 한참 궁리를 해 보았으나 좋은 생각이 떠오르지 않았다.

잉크뿐만 아니라, 그 밖의 필요한 물건이 많이 있었다. 흙을 파려면 곡괭이나 삽 같은 것도 필요하고, 옷을 꿰매려면 바늘과 실도 필요하였다. 그리고 지붕을 천막으로 만들었기 때문에 비바람을 충분히 막을 수 없었다. 그래서 음지 쪽에 큼직한 굴을 파고 그 속에서 살기로 하였다. 그러나 굴을 파려면 곡괭이나 삽 같은 것이 있어야 하였다.

'무슨 좋은 수가 없을까?'

로빈슨은 이렇게 생각하면서 숲 속을 돌아다니다가, 브라질 지방에서 철나무라고 부르는 단단한 나무를 발견하였다.

'옳지, 이거라면 쇠붙이 대신 쓸 수 있겠군.'

로빈슨은 이렇게 생각하고, 도끼를 갖고 가서 그 나무를 자르기 시작하였다. 그런데 그 나무는 과연 쇠처럼 단단하여 도끼날이 온통 엉망이 되고 말았다. 그래도 열심히 도끼질을 하여 간신히 나무를 쓰러뜨리기는 하였으나, 이번에는 그것을 삽 모양으로 깎는 것이 문제였다.

로빈슨은 며칠 만에 도끼로서 그럭저럭 사용할 수 있는 도구 하나를 만들었다. 스스로 생각해 보아도 묘한 물건이었으나, 제법 쓸 만하였다. 거기다 땅은 모래가 섞여 있었으므로 일은 잘 진행되었다. 로빈슨은 파낸 흙을 빈 상자로 운반하여, 말뚝 바깥으로 둑을 쌓아 빗물을 막았다.

이렇게 굴을 파기 시작한 지 3주일 만에 겨우 굴이 어느 정도 뚫렸다. 로빈슨은 젖어서는 안 될 식량과 총알 같은 것들을 그 속에 넣었다. 선반도 만들어서 그 위에 비스킷 부대와 설탕 상자 등을 올려놓았다.

그런데 어느 날 밤중에 괴상한 소리가 들려서 일어나 와서 보니, 굴 속에 뿌연 연기가 가득 차 있는 것 같았다. 살펴보니, 천장 위에서 흙이 무너져내려 있었다.

로빈슨은 다음 날 아침부터 천장을 만들기 시작하였다. 그는 널빤지를 모두 모아다가 굴 천장에 대고 몇 개의 기둥을 받쳐 놓았다.

"아, 이제는 됐다."

로빈슨은 혼자 중얼거렸다.

그러나 사람의 욕심은 끝이 없었다. 로빈슨은 이제 책상과 의자를 갖고 싶었다. 그러나 널빤지를 전부 써 버리고 하나도 남지 않았다. 그래서 우선 널빤지부터 만들어야 하였다. 그런데 이 일은 매우 어려운 것이었다. 큰 톱이나 대패가 없었기 때문에, 굵은 나무를 잘라서 도끼로 양쪽을 깎아 얇게 만드는 수밖에 없었다.

이렇게 해서 겨우 책상과 의자 비슷한 것을 만들었다. 그러나 책상 위에 무거운 물건을 올려놓았더니 곧 일그러지고 말았다. 그리고 의자

에 앉았더니 삐걱거리면서 부서지고 말았다.

"아니, 이게 뭐야!"

로빈슨은 혼자 화를 내기도 하고, 쓴웃음을 짓기도 하였다.

로빈슨은 책상과 의자를 다시 만들기로 하였다. 한 달 가까이 걸려 쓸 만한 것을 완성하였을 때에는 감격의 눈물을 흘리기도 하였다.

하느님의 은총

처음에 로빈슨은 등불이 없어서 해가 지면 잠을 잘 수밖에 없었다. 그래서 로빈슨은 시간이 아까워 견딜 수가 없었다.

'초가 있으면 얼마나 좋을까?'

로빈슨은 이렇게 한탄을 하고, 곧 산양 한 마리를 잡아서 그 기름을 모았다가 흙으로 만든 접시에 담고, 실오라기를 꼬아 불을 켜서 기름에 담갔다. 그러자 희미하나마 굴 속을 밝힐 수 있었다.

로빈슨은 노랗게 타오르는 불꽃을 바라보는 동안에 너무 외로워서 견딜 수가 없었다.

'아, 부모님께서는 내가 행방불명이 되었다고 얼마나 슬퍼하실까!'

로빈슨은 낮에는 먹고 살기 위하여 열심히 일을 하느라고 정신이 없었지만, 밤이 되면 고향의 부모님 생각이 간절하였다. 이럴 때에는 옆에 누워 있는 개도 쓸쓸한지, 로빈슨의 다리에 콧등을 비벼 대며 끙끙거리기도 하였다.

"너도 고향이 그리우니?"

로빈슨이 개의 머리를 쓰다듬어 주면, 개는 물끄러미 로빈슨을 쳐다보았다. 말은 못 하여도 개와 사람은 마음과 마음이 어딘가 서로 통하는 것 같았다.

'나는 지금 비참한 신세가 되었지만, 바다에서 죽지 않고 혼자 살아난 것을 생각하면 아주 불행하다고만 볼 수도 없다.'

로빈슨은 이렇게 생각하고 자기의 불행과 행복에 대하여 일일이 글로 적어 보았다.

불행하다고 생각되는 점은 이러하였다.

첫째, 외딴 섬에 혼자 흘러와서 지나가는 배에 의하여 구조될 가망이 거의 없다.

둘째, 모든 사람들과 멀리 떨어져서 혼자 살아야 한다.

셋째, 입을 옷도 변변치 못하다.

넷째, 사나운 야만인이나 짐승이 습격해 왔을 때 막기가 어렵다.

다섯째, 서로 이야기를 나누며 위로해 줄 말동무가 없다.

행복하다고 생각되는 점은 이러하였다.

첫째, 한배에 탔던 다른 사람들은 모두 죽었는데 나만 살아났다.

둘째, 먹을 것이 있으므로 굶어 죽을 염려가 없다.

셋째, 열대 지방이므로 옷이 없어도 얼어 죽지는 않는다.

넷째, 아프리카 해안에서 본 무서운 야만인이나 짐승이 없다.

다섯째, 여러 가지 필요한 물건을 거의 갖추고 있다.

로빈슨은 이렇게 생각하니 마음이 차츰 가라앉았다. 그는 이제부터 자기의 불행을 딛고 넘어서 힘차게 살아가고자 다짐을 하였다.

로빈슨은 섬에 온 처음 한동안은 혹시 앞바다에 배가 지나가지 않나 하여 언제나 바다를 바라보고 살았다. 그러나 지금은 어떻게 하면 이 섬에 있는 동안 편안하게 살 수 있을까 하는 생각만 하였다.

세월은 흘러, 어느덧 해가 바뀌었다.

로빈슨은 배에서 가져온 비스킷이 점점 줄어들자 걱정이 많아졌다. 그리고 총으로 산양이나 새를 사냥하는 동안에 총알이 차츰 줄어드는 것도 걱정이 되었다.

'앞으로 나를 구조해 줄 사람이 나타나리라고는 도저히 바랄 수 없다. 그런데 총알이 떨어져 총을 못 쓰게 되면 어떡하지? 그렇다고 사냥을 하지 않을 수도 없고…….'

어느 날, 로빈슨은 숲 속에서 두 마리의 산양을 쫓아가다가 한 마리는 쏘아 죽이고, 또 한 마리는 다리에 부상을 입혔다.

로빈슨은 절룩거리는 산양을 끈으로 매어서 집으로 끌고 왔다. 그리고 다친 다리에 붕대를 감아 주었더니 며칠 후에 다 나았다. 산양은 그 동안에 매우 길이 잘 들어, 집 앞 풀밭에 풀어놓아도 도망치지 않았다.

'앞으로 이런 순한 동물을 잡아다가 잘 길들여야겠다. 그렇게 되면 총알이 다 떨어져도 식량 때문에 걱정할 필요가 없다.'

그 후에 로빈슨은 숲 속으로 사냥을 갔다가 우연히 산비둘기 둥지를 발견하고 그 안에 들어 있는 새끼를 다섯 마리나 잡아왔다.

'이 놈들을 키우면 고기와 알을 얻을 수 있을 거야.'

로빈슨은 이렇게 생각하고 먹이를 주어 소중히 키웠다. 그러나 비둘기들은 웬만큼 자라자 알을 낳아 주기는커녕 산으로 날아가 버렸다.

"야, 요것 봐라! 키워 놓았더니 꼴 좋다."

로빈슨은 이렇게 중얼거리며 낙심하였다.

그 후 며칠 동안 계속해서 비가 내렸다. 장마가 그친 어느 날 아침, 로빈슨은 울타리 밖으로 나가 여기저기를 둘러보다가 한쪽 귀퉁이에 새파랗게 돋아난 풀을 발견하였다.

'이건 대체 무슨 풀일까?'

허리를 굽혀 자세히 살펴보니, 그것은 밀이었다.

푸른 잎사귀는 잔잔한 바람결에 살랑거리고, 그 이삭은 햇빛에 반사되어 반짝이고 있었다. 밀은 스무 포기쯤 이삭이 패어 있었다.

'어떻게 이런 외딴 섬에 밀이 저절로 났을까?'

로빈슨은 이상한 생각이 들었다.

'혹시 하느님이 나를 살리려고 내려주신 것이 아닐까?'

하고 생각해 보기도 하였다. 아니, 그렇게밖에는 생각할 수 없었다.

로빈슨은 밀 앞에 무릎을 꿇었다. 밀 이삭이 바람결에 살랑살랑 흔들려서 뺨에 닿았다. 로빈슨은 하느님의 자비스러운 손길이 이 외딴 섬에까지 뻗치고 있다고 생각하니 그의 가슴은 하느님에 대한 감사로 가득 차올랐다.

그날 밤, 로빈슨은 하느님께 몇 번이나 감사의 기도를 올렸다. 그러나 이것은 잘못된 일이라는 것을 깨닫게 되었다.

로빈슨은 이 곳에 천막을 치고 배에서 가져온 여러 가지 물건들을 정리할 때, 너덜너덜한 자루 속에 밀의 낟알이 들어 있던 것을 생각해 내었다. 로빈슨은 쥐들이 그것을 훔쳐 먹고 깍지만 남겼기에 그 곳에 털어 버렸었다. 그 중에서 몇 개의 알갱이가 싹터 뿌리를 내린 것이었다.

'하느님의 은혜도, 기적도 아니었구나!'

로빈슨은 어이가 없어서 껄껄 웃었다.

본래 하느님을 공경하는 마음이 별로 없었던 로빈슨은, 식량을 얻게 된 기쁨 때문에 스스로 하느님께 감사의 눈물을 흘린 것이 부끄럽고 우습게 여겨졌다. 그러나 다음 순간, 또 이런 생각을 하였다.

'만일 내가 그것을 바위 위에 던지기라도 했더라면 어떻게 되었을까? 또 비가 오는 계절이 아니었다면 어떻게 되었을까? 물론 그 씨앗은 죽고 말았을 것이다.'

그러자 로빈슨은 자신이 잠시나마 하느님께 못된 생각을 품은 것을 사죄하고 하느님의 깊은 사랑에 진심으로 감사를 하게 되었다.

마침내 밀은 훌륭하게 여물었다. 그 한 알 한 알에는 하느님의 크신 사랑이 깃들여 있었다.

로빈슨은 그 밀을 조심스럽게 베어서 소중하게 간수해 두었다. 이듬해 봄에 씨를 뿌려 한 알의 씨앗에서 백 배의 수확을 얻을 생각이었다.

밀에 대한 하느님의 사랑을 깨닫게 되자, 로빈슨의 마음속에는 신앙심이 싹트기 시작하였다. 로빈슨은 배에서 가지고 온 몇 권의 책 중에 다 낡아 떨어진 성경이 들어 있었던 것을 생각하고, 틈틈이 펼쳐서 몇 번이나 읽고 또 읽었다.

그러자 몸과 마음에 어떤 굳센 힘이 솟아나는 것을 느꼈다. 그는 성경을 한 줄 한 줄 읽을 때마다 하느님이 자기 주변에 와 계시다는 걸 느꼈다. 로빈슨은 이렇게 해서 서서히 섬 생활의 쓸쓸함을 잊어 갔다.

로빈슨은 자기가 건강한 몸으로 일을 할 수 있다는 것에 대해서도 하느님께 감사를 드렸다. 그러자 어떤 어려움이 자기에게 닥쳐와도 참고 견딜 수 있을 것 같았다. 그는 한결 명랑해지고 희망을 갖게 되었다.

두려운 지진

어느 날 저녁이었다.

로빈슨이 천막 곁에 나무를 심고 있는데, 갑자기 머리 위의 낭떠러지에서 흙덩이가 우르르 쏟아졌다. 그와 동시에 굴을 버티고 있던 통나무 기둥이 우지끈 하고 부러졌다.

로빈슨은 깜짝 놀라 사다리를 타고 울타리 밖으로 뛰어나갔다. 그러자 이번에는 딛고 있는 땅이 마구 흔들렸다.

'아, 지진이 일어났구나!'

누워 있던 개도 겁에 질려 짖어 대다가 로빈슨 곁으로 달려왔다.

1킬로미터쯤 떨어진 돌산에서는 바위들이 우르르 바다로 굴러 떨어지는 것이 보였다. 바다에서도 파도가 요란하게 일기 시작하였다.

로빈슨은 겁에 질려 벌벌 떨면서 주위를 돌아보았다. 낭떠러지에서는 아직도 돌과 흙덩이가 굴러 떨어지고 있었다.

'천만다행이었어. 어물어물하다가는 꼼짝없이 산 채로 땅 속에 파묻힐 뻔했군. 그런데 굴 속의 물건들은 어떻게 되었을까?'

로빈슨은 애써 만들어 놓은 방과 소중한 식량들이 걱정되었다.

그 때 갑자기 하늘이 캄캄해지면서 굵은 빗방울이 떨어지기 시작하였다. 그리고 거센 바람이 불어 와 나뭇가지들이 꺾이고 바다에는 산더미 같은 파도가 일었다.

"이젠 모두 끝장나는군!"

로빈슨은 땅바닥에 엎드려서 이렇게 중얼거렸다.

그러나 차츰 조금도 겁낼 것이 없다는 생각이 들었다. 큰 지진이 있은 다음에는 으레 폭풍우가 몰려오며, 그렇게 되면 더 이상 지진이 일어나지 않는다는 말을 브라질에서 들은 적이 있었기 때문이다.

로빈슨이 어느 정도 침착해졌을 때, 폭풍우도 한결 잠잠해졌다.

로빈슨은 몸을 일으켜 울타리 안으로 들어가 보았다. 천막은 지붕이 반쯤 흙더미에 묻혀 있었으나, 아주 쓰러지지는 않았다. 굴도 입구가 약간 무너졌을 뿐 멀쩡하였다.

'정말 다행이군. 하늘이 도운 거야!'

그러나 무슨 일이 일어나도 끄떡없는 곳으로 옮겨가고 싶었다. 그러나 곧 생각이 달라져, 그런 큰 지진에도 무너지지 않았으니 여기 그냥 있어도 괜찮을 것 같았다.

로빈슨은 다른 곳을 찾는 대신에 천막을 다시 손질하고 무너진 입구를 고쳤다. 그리고 굴 입구에도 좀더 튼튼한 기둥을 세웠다.

로빈슨은 이렇게 집을 고치는 동안에도 틈틈이 계속 사냥을 하였다.

어느 날, 큼직한 바위틈에서 산비둘기 둥지를 발견하고, 그 안에 있는 새끼 세 마리를 잡아다가 한 마리는 구워 먹고 나머지 두 마리는 키웠지만, 먼젓번과 마찬가지로 얼마 정도 자라자 어디론가 날아가 버렸다.

하루는 바닷가에서 길이가 2미터나 되는 거북을 발견하였다. 막대기로 뒤집어 놓자 거북은 네 발을 버둥거릴 뿐이었다. 이 거북은 알을 낳기 위하여 바닷가에 잠시 올라왔던 것이다. 배를 갈랐더니 알이 예순 개나 들어 있었다. 로빈슨은 고기와 알을 구워서 맛있게 먹었다.

다음 날은 비가 와서 종일 방 안에 갇혀 있었다. 그런데 웬일인지 온몸이 오들오들 떨리고 머리가 아파 왔다.

'이거, 야단났구나! 무리를 한 탓이야. 이대로 드러누워 일어나지 못하면 어떡하지?'

앓아 누워도 간호해 주고 약을 사다 줄 사람이 있을 리가 없었다.

로빈슨은 자기도 모르게 하느님께 기도를 하였다.

"하느님, 저를 굽어살펴 주십시오. 하루속히 병에서 벗어나 건강한 몸이 되게 해 주십시오."

이어서 로빈슨은 이런 생각도 하였다.

'이까짓 병쯤에 져서야 되나? 오늘까지 애써 살아왔는데, 여기서 쓰러진다는 것은 말도 안 된다.'

그런데 몸에서 나는 열도 심각하였지만, 입맛을 완전히 잃어 아무것도 입에 대기 싫은 것도 문제였다.

로빈슨은 선반에 놓여 있는 럼주를 꺼내어 한 모금 꿀꺽 들이켰다. 그러자 졸음이 와서 곧 침대 위에 드러누워 잠들어 버렸다.

이윽고 잠에서 깨어났을 때에는 머리의 통증이 좀 가신 것 같았고, 열도 내린 것 같았다.

'어서 사냥을 하러 나가야 할 텐데…….'

로빈슨은 이렇게 생각하였으나, 총도 힘에 겨울 정도로 무거워 도저히 사냥을 나갈 수 없었다. 그래서 그 날은 누워서 쉬기로 하였다.

다음 날, 로빈슨은 음식도 어느 정도 먹은 김에 억지로 총을 들고 집을 나섰다. 겨우 산양 한 마리를 잡아오기는 하였으나 역시 무리를 한 탓인지, 다시 오한이 나면서 머리가 쑤시기 시작하였다.

'나는 여기서 열병 때문에 혼자 죽어 가야 하는가?'

로빈슨은 이렇게 생각하자 불안하여 견딜 수가 없었다. 목이 말랐으나 천막 안에는 마실 물도 없었다.

뒤숭숭한 꿈자리에서 문득 눈을 뜨니 어느 새 아침이었다.

그 때, 로빈슨은 브라질에 있을 때 토인들이 담배 잎사귀로 어떤 병이든지 곧잘 고친다는 이야기를 들은 기억이 났다. 로빈슨은 배에서 가져온 선원들의 소지품 상자 속에서 담배 잎사귀를 꺼내어 잘근잘근 씹어 보았다. 그러자 혓바닥이 아리고 짜릿하여 견딜 수가 없었다. 그래서 이번에는 그 잎사귀를 태워서 연기를 마셔 보았다.

다음에는 선반에서 럼주 병을 꺼내어 잔에 따르고 거기에 담배 잎사귀를 담갔다가 얼마 후에 마셨다. 그러자 곧 술에 취하여 그대로 침대에 쓰러져 아무 정신 없이 잠들어 버렸다.

눈을 떴을 때는 저녁 4시쯤 된 것 같았다. 그러나 자고 있는 동안 하루가 지났는지 이틀이 지났는지 분명히 알 수 없었다. 어쨌든 한잠 푹 잔 덕분에 몸이 한결 개운해졌다. 그리고 입맛도 돌아와 기운을 되찾기 시작하였다.

방구석에 있던 개가 반가운 듯이 꼬리를 치며 로빈슨에게 매달렸다.

"오, 너로구나! 배가 몹시 고프겠구나."

로빈슨이 먹다 만 고기를 던져 주었더니 단숨에 먹어 치웠다.

로빈슨은 며칠 동안 계속해서, 담배 잎사귀를 담근 럼주를 마셨다. 그래서 그런지 악착같이 덤벼들던 열병은 완전히 떠나 버렸다.

섬의 임금님

로빈슨이 이 외딴 섬에 온 지도 어느덧 열 달이 지났다. 그 동안에 앞바다를 지나가는 배는 그림자도 찾아볼 수 없었다.

'이제 내가 이 섬에서 구조될 가망성은 전혀 없구나!'

로빈슨은 낙심을 하였다.

이 섬에는 처음에 한동안 걱정하였던 야만인이나 사나운 짐승은 없었다. 그리고 지진도 다시는 일어나지 않았다. 망망한 바다에 외따로 떨어져 있는 평화로운 섬이었다.

로빈슨은 어차피 구조될 가능성이 없는 것이라면, 이 섬에서 늙도록 살면서 즐겁게 살기로 걱정하였다. 이 섬에는 자신 외에는 아무도 없으니 혼자서 임금이 된 셈이었다.

어느 날, 로빈슨은 아침 일찍부터 개를 데리고 섬을 좀더 자세히 살펴보러 나섰다. 기둥에 새긴 칼자국을 보니 그 날은 7월 15일이었다.

로빈슨은 먼저 강어귀에서 섬 안쪽을 향하여 거슬러 올라갔다. 상류로 2마일 가니 그 근처에는 조수도 밀려오지 않고, 맑은 물이 흐르고 있었다. 강기슭 양쪽에는 이름 모를 꽃들이 아름답게 피어 있고, 언덕에는 야생 담배가 강한 냄새를 풍기고 있었다.

다음 날에는 좀더 멀리 강을 거슬러 올라가 보았다.

로빈슨은 숲 속에서 포도 덩굴을 발견하였다. 거기에는 보랏빛 포도

송이가 주렁주렁 매달려 보석처럼 빛나고 있었다. 정말 오랜만에 보는 포도 송이였다. 로빈슨은 정신없이 포도를 따먹다가, 문득 아무리 맛 좋은 포도라 하더라도 과식을 하면 안 된다는 생각을 하였다. 브라질에 있을 때, 어떤 영국 사람이 포도를 너무 많이 먹고 배탈이 나서 고생을 하였다는 이야기를 들은 적이 있었다.

로빈슨은 지난번에 열병에 걸린 후부터 외딴 섬에서 제일 무서운 것은 병이라는 사실을 뼈저리게 느꼈다. 그래서 그 후부터는 건강에 몹시 신경을 썼다. 로빈슨은 포도를 바라보다가 문득 이런 생각을 하였다.

'저것을 따다가 건포도를 만들면 두고두고 오래 먹을 수 있을 거야.'

그러나 이미 날이 저물어 숲 속에서 자기로 하였다. 로빈슨은 커다란 나무 위에 올라가 가지에 몸을 의지하고 드러누웠다. 개는 나무 아래에 누워 주인을 말똥말똥 쳐다보고 있었다.

이튿날 로빈슨은 여러 가지 꽃들이 피어나 바람에 하늘거리고 있는 풀밭에 이르렀다. 꿀벌들은 황금빛 날개를 자랑하며 이 꽃에서 저 꽃으로 날아다녔다.

'이렇게 아름다운 경치를 혼자만 본다는 것은 정말 아까운 일이야.'

로빈슨은 혼자서 빙그레 웃었다.

주위를 돌아보니 그 일대에는 많은 야자나무와 오렌지나무, 레몬, 시트론나무 등이 여기저기 우거져 있었다. 그리고 이 곳은 과일의 보고라도 되는 듯이, 나뭇가지마다 여러 가지 과일이 주렁주렁 달려 있었다.

로빈슨은 머지않아 닥쳐올 장마철에 대비하여 그 열매를 모조리 따다가 굴 속에 간수하기로 하였다. 그래서 과일을 잔뜩 따 가지고 몇 군데 무더기를 만들어 놓았다.

그런데 다음 날 자루를 가지고 그 곳에 간 로빈슨은 깜짝 놀랐다. 쌓아 놓았던 과일이 여기저기 흩어져 있었던 것이다.

'간밤에 야만인이 나타난 것일까? 아니면 짐승들이 한 짓일까?'

로빈슨은 불안한 생각이 들어 주위를 자세히 살펴보았다. 흙 위에 짐승의 발자국이 남아 있었다. 그래서 로빈슨은 그것이 짐승의 소행이라는 것을 알게 되었다.

'야만인이 한 짓이 아니어서 정말 다행이구나!'

로빈슨은 그 때서야 한시름 놓았다. 맞은편 언덕 위에 산양 떼가 한가롭게 풀을 뜯고 있는 것이 보였다.

'아하, 저 놈들이 한 짓이었구나!'

로빈슨은 쓴웃음을 지었다.

두 번째 집

로빈슨은 이 과일의 보고에 집을 또 한 채 짓기로 하였다. 경치도 아름답고 먹을 것도 많았기 때문이다. 로빈슨은 지금 살고 있는 곳보다 이 곳이 훨씬 마음에 들었다.

그는 다음 날부터 곧 일을 시작하였다. 이번에는 집 짓는 데 경험이 있었으므로 처음처럼 힘들지는 않았다. 먼저 기둥을 세우고, 배에서 가져온 돛으로 지붕을 만들었다. 그리고 집 둘레에는 튼튼한 말뚝을 박아 울타리를 만들고, 사다리로 드나들기로 하였다.

먼저 지은 집은 생명을 보호하기 위한 것이고, 이번에는 이를테면 별장을 따로 짓는 셈이므로, 마음에도 어느 정도 여유가 생겼다. 꽝꽝 후려치는 도끼질 소리도 한결 경쾌하게 들렸으며, 피로할 때에는 건포도를 먹고 기운을 내었다. 이처럼 즐거운 기분으로 하는 일이므로 10일도 못 되어 8월 초에 집이 완성되었다.

이 새로 지은 별장에서 보낸 첫날 밤은 정말 즐거웠다. 꽃과 과일에서 풍겨오는 향기로운 냄새가 코를 찌르고, 실개천이 조잘거리며 흐르는 소리는 마치 자장가처럼 들려와 깊이 잠들 수 있었다. 개도 기쁜 듯이 끊임없이 꼬리를 흔들며 로빈슨의 손바닥을 핥고 있었다.

그러나 아주 이 별장으로 이사를 할 생각은 없었다. 왜냐하면 먼젓번 집과는 달리 이 집은 바다에서 멀리 떨어져 있어서, 혹시 배가 앞바다를 지나간다 하더라도 알아볼 수 없었기 때문었다.

'이 집은 때때로 놀러 왔다가 묵고 가는 별장이야.'

로빈슨은 이런 생각을 하였다.

이튿날부터 장마가 지기 시작하였다. 비는 그치지 않고 줄기차게 퍼부었다. 열대 지방에서는 줄곧 햇볕만 쨍쨍 내리쬐다가 장마철에 접어들면 두 달 동안이나 계속해서 비가 왔다. 로빈슨은 이 섬도 그럴 것이라고 생각하였다.

비는 8월 14일부터 10월 중순까지 거의 하루도 빼놓지 않고 계속해서 왔다. 비 때문에 밖에 나갈 수가 없어서, 마련해 둔 식량이 거의 다 떨어졌다. 로빈슨은 할 수 없이 비를 맞고 나가서 산양 한 마리를 잡아 왔다. 그리고 며칠 후, 바닷가에서 큼직한 문어 한 마리를 잡아서 식량에 보태었다. 그래도 식량은 날마다 줄어들어 이제는 거의 바닥이 났다.

'어서 장마가 그쳐야 할 텐데…….'

로빈슨은 식량 때문에 몹시 걱정이 되었다.

로빈슨은 장마철에 굴의 확장 공사를 시작하였다. 굴을 더욱 깊이 파고 들어가 도중에서 오른쪽으로 꺾어, 드디어 울타리 밖에까지 연결하여, 끝부분에 간단한 문을 만들고 드나들기로 하였다.

'편리하기는 해도 만약 이쪽으로 적이 들어오면 큰일이겠는걸.'

로빈슨은 이런 염려를 하였지만, 이 섬에 로빈슨의 적이 될 만한 것은 없었다. 짐승이래야 고작 산양 정도이므로 걱정할 필요가 없었다. 또 서로 경쟁할 만한 상대도 없었다. 오직 평화로운 생활이 조용히 계속될 뿐이었다. 로빈슨은 이제는 고독에도 익숙해져, 혼자 있어도 쓸쓸하지 않았다. 친구로서는 충실한 개가 옆에 있었다. 말은 통하지 않았지만 마음은 통하였다.

'되도록 명랑하게 살자. 이제부터는 어떤 어려움이 닥쳐오더라도 이겨 나가야 한다.'

로빈슨은 빗소리를 들으면서 마음속에 굳게 다짐을 하였다. 어느 새 기둥에 새겨진 날짜가 곧 365일이 된다는 것을 알려 주었다.

'아, 내가 이 섬에 온 지도 1년이 되는구나! 세월 참 빠르다.'

드디어 그 날, 즉 9월 30일이 돌아왔다. 로빈슨은 하루 종일 집 안에서 하느님의 가르침이 적혀 있는 성경을 읽고, 폭풍을 만나 바다에서 목숨을 잃은 다른 동료들을 위하여 기도를 올렸다.

"하느님! 저와 한배에 타고 있다가 폭풍을 만나 바닷속에 가라앉아 목숨을 잃은 사람들의 영혼을 위로해 주시고, 하느님의 품안으로 인도해 주십시오."

그 많은 선원과 승객 중에서 오직 로빈슨 하나만이 용케 이 섬으로 흘러와서 1년 동안이나 무사히 지내왔다는 것을 생각하면 정말 감사드릴 일이었다. 이 모든 것이 하느님의 은혜라고 로빈슨은 생각하였다.

그런데 1년이 지나고 보니 배에서 가져온 식량이 얼마 남지 않아서 걱정이었다.

농사짓기

10월 어느 날 아침이었다.

계속해서 내리던 비가 그치고 오랜만에 개었다. 산도 초원도 녹색으로 찬란히 빛났다. 지금이야말로 밀의 씨를 뿌려야 할 계절이었다.

로빈슨은 씨를 뿌리러 울타리 밖으로 나갔다. 그리고 쇠나무로 된 삽으로 땅을 일구고 밀씨를 뿌리려고 하다가 이런 생각을 하였다.

'가만있자……. 만일 한꺼번에 다 뿌렸다가 싹이 돋아나지 않을 때에는 정말 큰일이다. 그러니 씨앗을 좀 남겨 두어야지.'

그는 밀을 절반만 뿌리고 나머지 절반은 남겨 두었다. 그런데 정말 싹이 돋아나지를 않았다.

'무슨 일일까?'

로빈슨은 땅바닥을 자세히 들여다보고서야, 햇볕이 계속 비쳐 땅이 너무 말랐기 때문이라는 것을 알게 되었다.

로빈슨은 이 섬의 기후에 대하여 생각해 보았다. 이 섬에는 봄, 여름, 가을, 겨울의 구별이 없이 반년은 장마, 반년은 가뭄이 계속되었다.

그것을 자세히 말하면 아래와 같다.

2월 후반부터 4월 전반까지는 장마철.

4월 후반부터 8월 전반까지는 건조기.

8월 후반부터 10월 전반까지는 장마철.

10월 후반부터 2월 전반까지는 다시 건조기.

로빈슨이 씨를 뿌린 것은 10월 하순으로, 가뭄이 시작된 때였다. 그러니 싹이 틀 리가 없었다. 그래서 로빈슨은 이듬해 2월 중순에 다시 씨를 뿌렸다. 그러자 모두 싹이 터서 3~4월 동안에 계속 내리는 비로 싱싱하게 자랐다. 이어서 5월의 건조기에 들어가니 훌륭하게 이삭이 패어 잘 여물었다.

그러나 추수를 해 보니 한줌 정도의 씨앗에서 나온 수확이라 그런지 밀은 겨우 5리터 정도박에 되지 않았다.

'그렇지만 이만큼 불어난 것만 하여도 고마운 일이다. 머지않아 이것을 백 배 천 배로 늘려서 맛좋은 빵과 비스킷을 만들어야지.'

이 섬은 언제나 날씨가 따뜻하기 때문에 1년에 두 차례 추수를 할 수 있었다. 그러므로 밀의 수확이 금방 늘어나서 얼마 후에는 넓은 농장을 갖게 될지도 모른다는 공상을 하기도 하였다.

이제는 양식이 거의 바닥이 났다. 그러나 로빈슨은 농사를 지을 생각을 하니 별로 걱정이 되지 않았다.

로빈슨은 씨앗을 다음 계절이 돌아올 때까지 잘 간수하려면 우선 이 밀을 담아 둘 바구니를 만들어야겠다고 생각하였다.

로빈슨은 어렸을 때 이웃의 광주리 가게에서 광주리 만드는 것을 구경한 기억을 되살려서 시험삼아 광주리를 만들어 보았으나 버드나무와 같은 나긋나긋한 재료가 없었기 때문에 나뭇가지가 뚝뚝 부러져서 그만 둔 일이 있었다. 그런데 이번에는 마침 알맞은 나뭇가지를 발견하였다.

별장 바깥에 울타리로 사용한 나무들이 모두 뿌리를 내려서 가지를 뻗었는데, 그 가지가 버들과 마찬가지로 아주 나긋나긋하였다. 로빈슨은 곧 그 가지를 베어다가 그늘에 말려서 그것으로 바구니를 만들었다. 모양은 우스꽝스럽게 되었으나, 아쉬운 대로 바구니로 쓸 수 있었다.

로빈슨은 그 바구니에 씨앗을 담아서 천장에 매달아 두었다. 이제는 들쥐한테 먹힐 염려가 없었다.

'무엇이든지 하면 되는 것이다. 자연을 잘 이용하여야 한다.'

로빈슨은 바구니를 만드는 데 성공하여 용기를 얻었다. 그는 다른 모든 일에도 큰 희망을 갖게 되었다. 다음에 필요한 물건은 물건을 담아 둘 그릇과, 빵을 찌거나 고기를 삶을 냄비였다.

로빈슨은 여러 모로 궁리해 가면서 쓸 만한 물건을 만들기 위하여 노력하였다. 그러다가 이거면 되겠다 싶어서 고기를 넣고 물을 부어서 한

참 끓이면 얼마 후에 세 조각 네 조각으로 갈라지고 말았다.

그 바람에 옆에 있던 개는 재를 뒤집어쓰고 멍멍 짖어 대었다. 할 수 없이 로빈슨은 좋은 생각이 머리에 떠오를 때까지 기다리기로 하였다.

앵무새와 새끼산양

로빈슨은 처음부터 섬 전체를 자세히 살펴보려고 하였으나, 두 번째 집을 짓느라고 그만두어 버렸다.

어느 날, 로빈슨은 오래 미루어 온 섬의 탐험을 위하여 어깨에 총을 메고 허리에 도끼를 차고 개와 함께 집을 나섰다.

별장으로 가는 도중에 언덕 위에서 서쪽을 바라보니 넓은 바다가 끝없이 펼쳐져 있었다. 로빈슨은 그 바다를 보자 가슴이 벅차올랐다.

그 날은 날씨가 맑게 개어서 구름 한 점 찾아볼 수 없고, 수평선 위에는 분명히 육지 같아 보이는 것이 있었다.

'섬일까, 대륙일까? 문명인이 사는 육지라면 얼마나 좋을까?'

로빈슨은 날개가 있다면 훨훨 날아가고 싶었다. 아니, 한 척의 배라도 있다면 조용히 노를 저어 가고 싶었다. 로빈슨은 시간 가는 줄도 모르고 언제까지나 바다를 바라보고 있었다.

육지는 무척 먼 곳에 있었으나, 여러 모로 생각해 보니 그것은 아무래도 남아메리카의 브라질과 에스파냐령 사이에 있는 야만인들이 사는 섬인 것 같았다. 그렇다면 식인종들이 살고 있을지도 모르는 일이었다.

로빈슨은 그 고장의 야만인들이 무척 사나워 사람을 잡아먹는 식인종이라는 말을 들었다. 혹시 그런 야만인들이 바다를 건너 이 섬까지 온다면 로빈슨에게는 정말 큰일이었다. 로빈슨은 몹시 걱정이 되었으나,

'설마 그럴 리야 없겠지.'

하고 마음을 가라앉혔다.

로빈슨은 혹시 식인종들의 배라도 와 있지 않을까 하여 조심스럽게 살피면서 해안을 걸어갔으나, 아무것도 눈에 띄지 않았다. 그의 불안한 마음은 어느 정도 가라앉았다.

그 북쪽 해안은 로빈슨이 살고 있는 쪽보다 훨씬 넓고 경치도 좋았다. 은빛으로 반짝이는 모래사장과 푸른 밀림, 초원에서 지저귀는 새 소리, 꽃향기, 해안에서 밀려오는 파도 소리. 이 모든 것이 로빈슨에게는 자연 그대로의 음악으로 들렸다.

푸른 나뭇가지에는 화려한 차림을 한 앵무새들이 수없이 많이 앉아 있었다. 앵무새들은 로빈슨을 보고도 도망칠 생각을 하지 않고, 이상한 듯이 내려다볼 뿐이었다. 사람을 보는 것이 처음이기 때문이었다.

'저 새들을 잡아서 기르면서 말을 가르쳐 주어야겠군.'

로빈슨은 섬에 온 이후로 한 번도 말을 주고받은 적이 없었다. 말을 한다고 하여도 고작 혼잣말을 한두 마디 중얼거리는 것이 전부였다. 로빈슨은 나뭇가지에 앉은 어린 앵무새 한 마리를 잡았다.

섬에는 이 밖에도 산토끼나 여우들도 많이 뛰놀고 있었다. 물새들이 제일 많았다. 물새들이 한꺼번에 날기 시작하면 마치 폭풍이라도 휘몰아치는 듯이 요란한 소리를 내었다. 로빈슨은 마음이 흐뭇하였다.

'이만하면 먹을 것은 염려할 필요가 없겠군!'

로빈슨은 해안에 표시를 하기 위하여 막대기를 바닷가에 박아 놓고 동북쪽으로 돌기로 하였다. 그렇게 되면 섬을 한바퀴 도는 셈이었다.

로빈슨이 골짜기 근처에 이르렀을 때, 숲 속에서 갑자기 바스락거리는 소리가 들려왔다. 로빈슨은 곧 숲 속을 향하여 총을 겨누었다. 그러자 개가 재빨리 뛰어갔다. 개가 덮친 것은 새끼산양이었다. 새끼산양은 목덜미를 물리고 비명을 질렀다.

로빈슨은 날쌔게 뒤쫓아가서 나무 덩굴로 새끼산양의 목에 끈을 매어 집으로 끌고 왔다. 로빈슨은 새끼산양을 길러 목장을 만들 생각이었다. 집에 오자 새끼산양의 목에 매인 끈을 풀어 주고 우리 안에 넣고 먹이를 주어 길렀다. 그 후, 로빈슨은 일주일 동안 몸의 피로도 풀 겸 푹 쉬면서 앵무새 새장을 만들었다. 앵무새의 이름은 '폴'이라고 지었다.

로빈슨은 날마다 먹이를 주면서 '로빈슨'이라는 자기의 이름을 가르쳤다. 그러나 앵무새는 쉽게 외우지 못하였다.

앵무새는 겨우,

"로빈……. 로빈……."

이라고 할 뿐, 더 이상은 발음을 하지 못하였다.

그래도 로빈슨은 무척 즐거웠다. 이제 서투르게나마 자기 이름을 불러 주는 친구가 생긴 것이었다. 그것은 큰 위안거리가 되었다. 새끼산양도 로빈슨의 마음에 들었다. 이렇게 로빈슨의 집에는 식구가 늘어났다.
식사 때면 앵무새는 로빈슨의 어깨 위에 날아와 앉고, 새끼산양은 테이블 위에 턱을 올려놓고 있었다. 개는 로빈슨의 발 아래 앉아서 새끼산양과 장난을 치다가 때때로 먹을 것을 달라고 로빈슨의 얼굴을 쳐다보곤 하였다. 새끼산양은 처음에 개를 몹시 무서워하였지만, 개가 꼬리를 흔들며 친절하게 굴었으므로 사이좋게 지내게 되었다.
하지만 앵무새와 개는 가끔 싸움을 하였다. 앵무새는 개가 낮잠을 자는 것을 보면 커다란 부리로 콕콕 쪼아 주었다. 그러면 잠들었던 개는 벌컥 성을 내며 으르릉거렸다. 이 때 앵무새는 재빨리 천막 받침나무로 올라가서 "로비, 로빈." 하며 도움을 청하였다. 그러면 로빈슨은 앵무새를 나무랐다. 그러나 차츰 사이가 좋아져서 앵무새와 개는 다정한 친구가 되었다. 개는 앵무새를 목에 앉히고 함께 산책을 하기도 하였다.

농부의 일과

어느 새 또다시 9월 30일이 되었다.
로빈슨이 이 섬에 온 지 만 2년이 지난 것이다. 로빈슨은 이 날도 방안에 들어앉아 성경을 읽고 하느님께 기도를 드렸다. 로빈슨은 처음 1년 동안은 외로워서 견딜 수가 없었다. 그는 혼자서 처량한 생각에 잠기기도 하였다.
'아, 내가 무슨 죄를 지었길래 이런 외딴 섬에 버려졌을까? 나는 왜 이렇게 불행한가?'
그는 이런 생각을 할 때는 슬픔에 못 이겨 어린애처럼 소리내어 울기도 하였다. 그러나 날이 갈수록 로빈슨의 생각은 달라졌다.
'비록 세상과는 동떨어져 있지만 남에게 시달리거나, 하기 싫은 일을

억지로 해야 할 필요는 없다. 이처럼 마음 편히 살아갈 수 있다는 것은 얼마나 행복한 것인가! 이것저것 연구를 하여 살림 도구를 만들기도 하고, 생활을 편리하게 꾸려 나가는 것도 하나의 재미가 아닌가?'

로빈슨은 계획표를 세워 놓고 하루하루를 살아가기로 하였다.

하루에 세 번씩 반드시 성경을 읽고 하느님께 감사의 기도를 올렸다. 그리고 날씨가 좋으면 세 시쯤 사냥을 하거나 과일을 따거나 밭일을 하였다. 그리고 집에 돌아와서는 먹을 것을 말리거나 짐승 가죽을 벗기거나, 그밖에 여러 가지 일을 보살피는 데 시간을 보냈다.

무더운 낮에는 시원한 나무 그늘을 찾아가서 서너 시간 동안 휴식을 취하였다. 따라서 시원한 시간에만 일을 하자니, 너무 시간이 짧은데다가 연장도 변변치 못하여 좀처럼 능률이 오르지 않았다. 그러나 로빈슨의 끈질긴 성미는 어떤 어려운 일이 닥쳐도 꼭 해내고야 말았다.

그 동안에 두 번째로 심은 밀이 무럭무럭 자랐다.

'이번에는 제대로 수확을 올릴 수 있겠군.'

로빈슨에게는 두통거리가 하나 생겼다. 그것은 산양과 토끼가 애써 가꾸어 놓은 곡식을 닥치는 대로 먹어치웠기 때문이다.

로빈슨은 밭 둘레에 울타리를 치고, 그 곳에 침입하는 놈은 총으로 쏘아서 잡고, 밤이면 개에게 지키게 하였다.

이윽고 밀 이삭이 여물기 시작하자, 이번에는 수많은 새들이 날아와서 낟알을 쪼아먹었다. 로빈슨에게는 생명선이나 다름없는 낟알이 모두 새에게 먹혀 버린다는 것은 기가 막히는 일이었다.

로빈슨은 때때로 새들을 쫓아 버리기 위하여 총을 쏘았다. 그러나 그 소리에 도망친 새들은 가까운 나뭇가지에 앉아 있다가 로빈슨이 떠나면 곧 다시 몰려들었다.

'정말 골치 아픈 놈들이군!'

로빈슨은 새들을 쫓는 방법에 대하여 한참 궁리한 끝에, 총으로 쏘아 죽인 세 마리의 새를 막대기 끝에 매달아 놓기로 하였다. 그랬더니 이상하게도 새들은 더 이상 덤벼들지 않았다.

이렇게 온 정성을 기울여 농사지은 밀을 타작해 보니, 다섯 말쯤 되었다. 이 수확은 오직 로빈슨의 땀에서 비롯되었으므로 한 알의 씨앗도 매우 귀중하게 여겨졌다.

'불과 한 줌의 씨앗이 이렇게 많아졌다. 이대로 간다면 다음에는 다섯 곱절의 수확을 올릴 수 있을 것이다. 그 때는 빵을 구워 먹어야지.'

로빈슨의 가슴은 기쁨으로 가득 찼다. 이제 굶어 죽을 걱정은 하지 않아도 되었다. 그러나 빵을 만들려면 밀을 빻아야 한다. 그래서 로빈슨은 절구를 만들기 위하여 적당한 돌을 찾아 헤매었으나, 모두 모래가 섞인 돌이라 자칫하면 모래투성이의 가루가 되고 말 것 같았다.

여러 모로 궁리한 끝에 통나무를 잘라 구멍을 파서 절구 비슷하게 만들었다. 그리고 쇠나무로 절굿공이를 만들었다. 다음에는 난파선에서 가져온 선원복의 천을 잘라서 가로세로 한 줄씩 실을 뽑아 밑창이 빠진 네모꼴 상자에 대어서 간신히 체를 만들었다.

그러는 가운데 어느덧 다음 추수기가 되었다. 뜻밖에 밀이 잘 되어 절반만 씨앗으로 남겨 두고, 나머지는 가루로 빻아서 빵을 만들기로 하였다.

그러나 빵을 만든다는 것은 쉬운 일이 아니었다. 우선 넓은 철판에 불을 때어 충분히 달구어진 후에, 반죽한 가루를 얹고 진흙으로 만든 쟁반 같은 그릇을 덮고 약 한 시간쯤 불을 때었다. 시간을 맞추어 뚜껑을 열었더니 먹음직스러운 빵에서 무럭무럭 김이 올라왔다. 이 때 로빈슨의 기쁨은 말로 표현 못할 정도였다.

로빈슨이 철판에서 김이 무럭무럭 오르는 따끈한 빵을 집어낼 때면, 개와 산양도 곁에 와서 코를 벌름거리고, 앵무새도 로빈슨의 어깨에 날아와서 빵이 먹고 싶어 노려보았다.

"이 놈들, 잠깐만 기다려. 주인부터 먹어야지."

로빈슨은 이렇게 호통을 치고 빵을 집어 얼른 입 속에 넣었다. 로빈슨은 이처럼 맛있는 빵은 생전 처음 먹어 보는 것 같았다.

로빈슨이 다 먹고 나서 나머지 한 개를 개와 산양과 앵무새에게 나누어 주었더니 얼른 받아 한입에 털어넣었다.

'이번에는 속에 건포도를 넣어서 구워야지.'

로빈슨은 다음 번엔 좀더 고급 빵을 만들기로 하였다.

토기의 발명

로빈슨은 빵을 굽는 데 성공하자 생활에 자신을 갖게 되었다.

먹는 문제가 해결되었기 때문이다. 이번에는 전에 실패한 토기를 만드는 일에 착수하였다. 로빈슨은 쉬지 않고 연구를 하였다. 저번에 실패한 것은 흙이 나빴기 때문이다. 그래서 로빈슨은 여기저기 돌아다닌 끝에 간신히 부드러운 흙을 발견하였다.

'됐다, 이번에는 꼭 성공할 수 있을 테지.'

토기를 만들려면 물을 붓는 양도 잘 조절하여야 하고, 그늘진 곳에서 천천히 말려야 한다. 그러므로 세심한 주의가 필요하였다. 로빈슨은 그 찰흙으로 크고 작은 여러 가지 그릇, 접시, 화로, 단지 등을 빚었다. 그러나 손으로 하는 것이라 예쁜 모양이 나오지 않았다.

그런데 로빈슨이 모처럼 정성을 들여 만든 그릇도 곧 금이 가는가 하면, 조금만 잘못 다루어도 깨지고 말았다. 두 달 동안이나 애쓴 끝에 겨우 조그마한 그릇 두 개를 만들 수 있었다.

로빈슨은 그 그릇을 마치 보물 단지나 되는 것처럼 조심스럽게 다루면서 그 속에 밀가루를 담아 놓았다. 지금까지 겪은 고생을 생각하면, 그 질그릇은 금 항아리보다도 훨씬 소중한 것이었다.

로빈슨은 접시나 단지 같은 것도 계속하여 만들었으나, 물을 붓거나 불에 쪼이면 곧 부서져 버렸다.

그러던 어느 날, 산양 기름을 졸이기 위하여 한참 불을 때고 나서 끄려고 하는데 불 속에 들어간 진흙 덩어리가 돌처럼 굳어 버린 것을 발견하게 되었다.

로빈슨은 무릎을 탁 치면서,

"옳지, 됐다!"

하고 외쳤다.

'아, 얼마나 놀라운 발견인가? 어째서 나는 진작 불에다 구워 토기를 만들 생각을 하지 못했을까? 물을 끓일 수 있는 여러 가지 토기도 이렇게 만들 것이다. 한번 해 봐야겠다.'

로빈슨은 찰흙으로 다시 여러 가지 그릇을 빚어 한곳에 모아 장작더미 위에 올려놓고 불을 피웠다. 세 시간쯤 지나자, 독의 색깔이 새까만 흑진주 빛으로 빛나고 유리알처럼 반짝거렸다. 그리고 조금도 금이 가거나 틈이 생기지 않았다. 로빈슨은 손뼉이라도 치고 싶은 심정이었다.

더욱 열을 가하였더니 독 하나가 아래로 굴러 떨어지면서 깨져 버렸다. 흙에 모래가 섞여 있어서 열을 감당하지 못한 것이었다.

로빈슨은 이 때다 싶어서 차츰 열을 낮추었다. 갑자기 식히면 토기가 갈라질 염려가 있었기 때문이다. 로빈슨은 물통을 토기 위에 씌워 놓고 서서히 불을 껐다. 그러자 아침에는 물통이 완전히 재로 변하여 토기 위에 수북히 쌓였다. 재를 터니 토기는 눈부신 광채를 내고 있었다.

로빈슨은 토기가 충분히 식기를 기다려 물을 붓고, 산양 고기와 거북의 알과 야채 등을 함께 넣어 끓였다. 그러자 아주 훌륭한 수프가 되었다. 한 모금 마셔 보니 맛이 썩 좋았다. 이런 맛은 오랫동안 고통을 참으면서 꾸준히 애써 온 인간만이 느낄 수 있는 것이었다.

다음에 로빈슨은 산양 가죽으로 옷도 짓고, 모자도 만들었다. 비록 모양은 흉하였으나, 혼자 사는 처지라서 조금도 부끄럽지 않았다.

돌아다닐 때면 로빈슨은 총을 들고, 칼을 허리에 차고, 바구니를 짊어지고 이 괴상한 옷을 입었다.

어느 날 로빈슨은 냇가에서 물을 마시다가 문득 물 속에 비친 자기의 모습을 보고,

"후우!"

하고 한숨을 내쉬었다. 벌에 그은 얼굴은 검둥이나 다름없었고, 수염은

자랄 대로 자라서 마치 딴 사람처럼 보였던 것이었다.

통나무배

로빈슨은 때때로 집 근처의 높은 언덕에 올라가서 바다를 바라보았다. 멀리 동쪽으로 육지 같은 것이 보이고, 그 근처에는 크고 작은 섬들이 눈에 띄었다.

로빈슨은 그 근처의 바다가 혹시 배가 다니는 항로일지도 모른다고 생각하였다. 그러자 그 곳에서 구원의 따뜻한 손길이 자기를 향하여 오라고 손짓을 하는 것 같았다. 로빈슨은 그 곳에 가고 싶은 마음이 간절하였으나 어쩔 도리가 없었다.

'어떻게든 바다를 건너 저기까지 단 한 번만이라도 가 보고 싶구나.'

그곳에는 사나운 야만인이 살고 있을지도 모르지만, 어쨌든 건너가기만 하면 살 길이 있을 것 같았다.

'저기 가려면 배가 있어야 한다. 그렇다, 통나무배를 만들어 보자!'

열대 지방의 야만인들은 큰 나무를 파서 배를 만들었다. 그들이 갖고 있는 도구도 보잘것없는 것이었다. 그러므로 로빈슨도 혼자서 배를 만들 수 있을 것이라고 생각하였다.

로빈슨은 숲 속으로 들어가 통나무배를 만들 만한 나무를 골랐다. 지름이 약 2미터나 되고, 높이는 8미터쯤 되며, 잘 자라서 밑동에는 가지가 하나도 달려 있지 않은 나무였다.

'옳지, 이것으로 배를 만들자!'

로빈슨은 도끼를 휘둘러 힘껏 내리쳤다. 도끼 소리가 밀림을 쩡쩡 울리고 도끼밥이 사방에 흩어질 때마다 나무 향기가 코를 찔렀다. 로빈슨은 땀투성이가 되어 나무 밑동에 계속해서 도끼질을 하였으나, 그 날은 얼마 베지 못하고 도끼 날만 무뎌졌다.

다음 날부터는 오전에 도끼를 잘 갈아 두었다가 오후부터 나무를 찍기 시작하였다. 그 일은 생각보다 오래 걸려 20일이 지나서야 겨우 나무 밑동을 5분의 4 정도 벨 수 있었다.

'이만하면 쓰러뜨릴 수 있겠지.'

로빈슨은 밑동에다 등을 대고 힘껏 밀었다. 그러자 나무가 반대쪽으로 조금씩 기울어지기 시작하더니 그 거대한 나무는 우지끈 하고 주위가 떠나갈 듯이 요란한 소리를 내며 한쪽으로 쓰러졌다. 그러자 주위의 나무도 이 큰 나무에 깔려 가지와 잎사귀가 바스러지면서 사방으로 흩어졌다. 그것은 마치 영웅의 죽음처럼 비장하고 엄숙해 보였다. 로빈슨은 나무가 쓰러진 후에 얼빠진 사람처럼 잠시 멍하니 바라보고 있었다.

로빈슨은 이 나무를 적당한 길이로 자르는 데에만 두 주일이나 걸렸다. 그리고 모서리를 배의 모양으로 깎는 데 한 달이 걸렸고, 속을 파내는 데 석 달이나 걸렸다. 토인들은 나무에 불을 피워 태워서 파내었으나 로빈슨은 끌로 파내었기 때문에 이렇게 오래 걸린 것이었다.

그런데 배를 다 만들어 놓고 보니 스무 명도 더 탈 수 있는 큰 배가 되었다. 로빈슨의 살림살이를 전부 실어도 배의 공간이 남을 정도였다. 이 통나무배에 돛만 단다면 멀리 맞은편에 바라보이는 육지뿐만 아니라, 넓은 바다를 지나 에스파냐 영토의 해안까지도 갈 수 있을 것 같았다.

그런데 골칫거리가 생겼다. 다 만들어진 통나무배를 바다까지 운반할 수가 없었다. 로빈슨은 배를 만드는 데에만 정신이 팔려, 가장 중요한 것을 깜박 잊고 있었던 것이었다.

로빈슨은 멍하니 서서 배를 바라보면서, 미련한 자기 자신을 꾸짖었다. 그러나 로빈슨은 모처럼 애써 만든 배이므로 어떻게 해서든지 바다까지 운반하기로 결심하였다. 로빈슨은 배에서 바닷가까지 약 6백 미터의 거리에 도랑을 파고 배를 운반하기로 하였다. 그러나 로빈슨 혼자서 하려면 10년이 걸려도 될 것 같지 않았다.

'이 일을 어떻게 한담?'

로빈슨은 여간 낙심하지 않았다. 그것은 사실 큰 실패였다.

어느 새 4년째의 기념일이 닥쳐왔다.

로빈슨은 지난해와 마찬가지로 성경을 읽고 하느님께 감사의 기도를 올리면서 하루를 지냈다.

"하느님! 그 많은 사람 중에서 저를 살려 주시고 이 외로운 섬에서 오늘날까지 지켜 주신 은혜에 감사드립니다. 저는 이 섬에 온 지도 어느덧 4년째 되는 날을 맞이하게 되었습니다. 하느님이시여, 앞으로도 한결 같은 은총을 베풀어 주옵소서!"

기도를 마치니 한결 위로가 되었다.

로빈슨의 옷매무새는 초라하기 짝이 없었다. 배에서 가져온 선원들의 옷은 너덜너덜 떨어지고, 산양 가죽으로 지어 입은 단벌 옷도 곧 해질 것 같았다. 그래서 짐승의 가죽으로 옷을 더 지어 입으려고 하였다.

그러나 그늘에서 말린 산양 가죽은 옷 만들기에 적합하였으나, 햇볕에 말린 가죽들은 빳빳해서 쓸모가 없었다. 로빈슨은 난파선에서 가져온 바늘과 실로 겨우 조끼와 바지의 형태만 갖춘 옷을 한 벌 만들었다.

그 옷을 입어 보았더니 털투성이였다. 옆에서 바라보던 개도 보기에 흉한지 보고 멍멍 짖어 대었다. 그러나 공기는 잘 통하여, 두꺼운 털가죽인데도 그다지 덥지 않았다. 게다가 털이 바깥쪽에 있어서 비가 몰아쳐도 젖지 않았다.

신발은 물개 가죽을 말려서 만들었다. 로빈슨은 우산도 만들었다. 그런데 이 일은 아주 어려운 일이었다. 그는 쇠나무를 자루로 하고 철사를 뼈대로 만들어 산양 가죽을 씌웠다. 이렇게 해서 간신히 우산을 만들기는 하였으나, 접을 수가 없었다. 그러므로 비가 오지 않을 때에도 늘 펴놓아야만 하였다. 그래서 여러 모로 궁리한 끝에, 두 달 후에는 드디어 접었다 폈다 할 수 있는 우산을 만들게 되었다.

로빈슨이 이 섬에서 혼자 살며 이만큼 힘들여 만든 물건은 없었다. 그래서 이 진기한 우산은 로빈슨에게는 무기 다음으로 귀중한 보물처럼 여겨졌다. 로빈슨은 이 우산 덕분에 해가 쨍쨍 내리쬐는 날에도 나가 다닐 수 있었고, 아무리 비가 퍼부어도 걸어다닐 수 있었다.

로빈슨은 이렇게 당분간은 먹고 입고 자는 문제에 대하여 크게 걱정할 필요가 없게 되었다. 식량도 넉넉하고 산양이나 거북, 산토끼 등 그 밖의 여러 가지 새를 얼마든지 잡을 수 있었으므로 고기도 충분하였다. 그리고 산에는 과일이 많아 얼마든지 따먹을 수 있었다.

로빈슨은 이 섬이야말로 하느님이 자기에게 특별히 주신 것이 아닌가 하는 생각이 들었다. 만일 로빈슨이 사나운 식인종과 맹수들이 우글거리는 섬에 혼자 들어왔다면, 지금까지 목숨을 유지할 수 없었을 것이다. 로빈슨은 여기까지 생각하자, 또다시 두 손을 모아 하느님께 감사의 기도를 올렸다.

"하느님, 감사합니다. 저는 오늘날까지 하느님이 지켜 주신 덕분에 목숨을 유지할 수 있었습니다. 앞으로도 계속 저를 지켜 주옵소서!"

로빈슨은 섬에서 여러 해를 살아오는 동안에 마음도 무척 변하였다. 가장 큰 변화는 여러 가지 욕심이 모두 없어진 것이었다.

밀이나 그 밖의 먹을 것도 욕심을 부리면 얼마든지 더 많이 가질 수 있었으나, 구태여 그럴 필요가 없었다. 이 외딴 섬에서는 다른 사람과 비교하여 부자니 가난뱅이니 하고 뽐내거나 기죽을 일도 없었다.

돈도 그랬다. 로빈슨은 배에서 가져온 금화와 은화를 바라볼 때마다 싱겁기 짝이 없었다. 그 돈은 전혀 쓸모가 없었기 때문이다.

로빈슨에게 돈보다 아쉬운 것은 한 병의 잉크였다. 배에서 가져온 잉크는 하도 물을 많이 타서 썼기 때문에, 글자가 희미해서 제대로 읽을 수 없을 정도였다.

로빈슨이 이 섬에 온 지 5년째 되는 날도 별다른 일은 없었다.

여전히 농사를 짓고 사냥을 하면서 별로 아쉬운 줄 모르고 살았다. 그러는 동안에 로빈슨은 또 한 척의 새로운 통나무배를 만들었다.

이번에 만든 배는 먼젓것보다 훨씬 작은 배였다. 그러나 로빈슨이 혼자서는 도저히 옮길 수 없어서 해안까지 도랑을 파야만 하였다.

로빈슨은 2년 동안이나 걸려서 마침내 배를 바닷가로 끌어 내는 데 성공하였다. 물론 이 작은 통나무배로 먼 바다를 향하여 떠날 수는 없었으나, 근방의 바닷가나 작은 섬으로 돌아다닐 수는 있었다.

로빈슨은 배를 타고 바닷가를 돌면서 아직 가 보지 못한 곳을 두루 살펴보려고 하였다.

파도에 실려

로빈슨이 통나무배를 타고 출발한 것은 섬에 온 지 6년째인 11월 6일이었다. 배에 돛대를 세우고 난파선에서 가져온 돛 조각을 꿰매어 달았더니, 배는 파도를 헤치며 잘 달렸다. 배를 모는 기술도 이제는 제법 익숙해졌다.

로빈슨은 뱃머리 쪽에 식량을 싣고, 총에는 헝겊을 덮어 습기를 막았다. 그리고 뒤쪽에는 우산을 세워 내리쬐는 햇빛을 가렸다. 이 밖에 럼주, 산양 고기도 배에 실었다.

배는 돛폭에 바람을 받아 재빨리 미끄러져 갔다. 오른쪽은 끝없는 바다이고, 왼쪽은 험한 낭떠러지가 연이어져 있었다.

이윽고 배는 해안에서 멀리 벗어나 크고 작은 섬들이 길게 뻗어 있는 곳까지 이르렀다. 그 곳에는 심한 암초가 악마의 덧니같이 군데군데 널려 있었다.

로빈슨은 모험을 하고 싶지 않았으므로 배를 근처에 대고 상륙을 하였다. 한 손에 총을 들고 높은 바위 위에 올라가 사방을 돌아보았다. 섬 기슭에는 기분 나쁠 정도로 검푸른 조류가 동쪽을 향하여 무서운 기세로 소용돌이치며 흐르고 있었다.

'이 곳이야말로 지옥문이구나.'

로빈슨은 되돌아가고 싶었지만, 시간이 지나면 그 소용돌이가 멈출지도 모른다는 생각을 하며 잠깐 조류의 모습을 지켜보기로 하였다.

그런데 저녁때가 되어 거센 남동풍이 휘몰아 오면서 조류는 반대 방향으로 흘렀기 때문에, 바다는 무섭게 설레면서 산더미 같은 파도를 일으켰다. 사흘 후에야 겨우 바람이 가라앉았는데, 로빈슨은 그 때까지 기다렸다가 배를 해변가에 바짝 대고 천천히 몰았다.

그런데 위험에서 벗어났다고 마음을 놓았는데, 어느 결엔지 배는 조류의 한복판으로 밀려가고 있었다.

'이거 큰일났군!'

로빈슨은 뱃머리를 급히 돌리려고 하였다. 그러나 아무리 애를 써도 배는 맹렬한 기세로 떠밀려서 바다 쪽으로 급속도로 휩쓸리고 있었다.

'아, 이제는 마지막이구나.'

뒤를 돌아보니 섬이 수평선 아래로 사라지고 있었다.

'어서 이리 오너라!'

섬의 푸른 산들이 로빈슨을 향하여 외치는 것 같았다.

'저 정다운 섬을 버리고 다른 곳으로 가려고 한 것이 잘못이었다.'

그러나 이제 와서 후회를 해 보았자 소용이 없었다. 얼마 전에 큰 배를 만들었을 때 가 보려던 섬들을 바라보니 차츰 수평선 위로 솟아오르는 것 같았다. 거기까지 밀려가면, 로빈슨은 전에 살던 섬으로 돌아갈 수 없을 것이었다.

얼마 후에 배는 남쪽의 격류에 휩쓸려 끝없는 바다를 향하여 떠내려가고 있었다. 이대로 가면 어디까지 가게 될지 알 수 없는 일이었다.

로빈슨은 뱃머리를 돌리려고 안간힘을 썼으나 아무 보람도 없이 배는 점점 굽이치는 조류를 타고 흘러가기만 하였다. 거기에는 몸서리쳐지는 사나운 물줄기가 빙빙 돌고 있었다. 그 곳은 그야말로 악마의 바다였다. 배가 뱅뱅 도는 소용돌이 속에 휩쓸리는 날에는 정말 마지막이었다. 로빈슨은 또다시 배의 방향을 바로잡으려고 애썼으나 소용이 없었다.

그 때 갑자기 머리 위에서 '짝' 하고 돛이 찢어지는 듯한 소리가 들려왔다. 쳐다보니 어느 결에 사나운 남동풍이 휘몰아쳐서 돛을 찢어 버렸다. 그 바람에 배가 한쪽으로 기우뚱하였다. 이와 때를 같이하여 로빈슨도 바다에 떨어질 정도로 몸이 기울었다.

'야단났구나!'

로빈슨은 한 손으로 닻줄을 낚아채며 또 한 손으로 키를 획 돌렸다. 그러자 배는 다시 북쪽으로 흐르는 물굽이에 안겨서 한참 빙글빙글 돌다가 불어닥친 바람에 밀려 간신히 소용돌이에서 벗어났다. 배는 조수를 따라 북으로 북으로 마냥 흘러갔다.

'아, 간신히 살아났구나!'

로빈슨은 그 때서야 한시름 놓았다.

배는 남동풍에 밀려 조류를 따라 북서쪽으로 달리고 있었다. 이대로 바람을 타고 계속해 달리면 원래 살던 섬의 북쪽 해안에 이르게 된다.

잠시 후 배는 조류에서 벗어나 호수같이 잔잔한 바다에 이르렀다. 그리하여 순풍을 타고 달리다가 다시 또 하나의 조류를 만났다. 그러나 이번에는 쉽게 그 곳을 지나갈 수 있었다.

눈앞에 보이는 그리운 섬의 바위들이 로빈슨을 향하여 빨리 돌아오라고 손짓하는 것 같았다. 로빈슨은 배를 기슭에 대고 무사히 상륙하였다.

이번에도 하느님의 도움으로 용케 살아난 것 같았다. 로빈슨은 무릎을 꿇고 하느님께 감사의 기도를 올렸다.

"그처럼 사나운 풍파 속에서 저를 건져주신 하느님, 감사합니다. 언제까지나 하느님의 크신 은총 가운데 있게 해 주십시오!"

해는 산 뒤로 기울어져 바다에도 점점 어둠이 짙어져 갔다. 로빈슨은 지칠 대로 지쳐서 온몸이 나른하였다. 그래서 바다 기슭의 나무에 배를 단단히 붙들어 매고 배 안에서 자기로 하였다.

이튿날 아침에 눈을 뜨니 주위는 낯설기만 하였다.

로빈슨은 높다란 언덕에 올라가 사방을 돌아보았다. 그 곳은 전에 자기가 탐험 여행을 할 때 지나간 해변가에서 그다지 먼 곳이 아니었다. 눈앞에 작은 개천이 흐르고 있었다. 로빈슨은 이 강의 상류를 거슬러 올라가면 자기가 지은 별장이 있을지도 모른다는 생각에서 배를 깊숙이 숨겨 두고 상류를 향하여 걸어 올라갔다.

거기는 로빈슨이 처음으로 발을 들여놓은 곳이었다. 로빈슨은 혹시 야만인이라도 불쑥 나타나면 큰일이라는 생각에 한 발짝 한 발짝 옮기는 데에도 여간 신경이 쓰이지 않았다. 그러나 밀림은 고요 속에 파묻혀 있을 뿐, 가도 가도 사람의 그림자는 눈에 띄지 않았다.

수정같이 맑은 냇물이 졸졸 흐르고, 작은 물고기들이 은빛으로 번쩍이고 있었다. 한참 거슬러 올라가니 나무 잎사귀들 사이로 넓고 넓은 초원이 내다보였다. 그리고 숲 속의 천막이 나타났다.

"아, 별장이다!"

로빈슨은 고향에 돌아온 기분이었다. 넓은 초원을 단숨에 뛰어넘어 천막에 들어가 보니 아무 이상도 없었다. 모든 물건들은 그 자리에 그대로 다 있었다. 로빈슨은 침대에 드러누워 곧 잠들어 버렸다. 얼마나 지났을까, 로빈슨은 꿈결에 이상한 소리를 들었다.

"로빈슨, 로빈슨!"

로빈슨은 깜짝 놀라 눈을 번쩍 떴다.

'대체 이 외딴 섬에 누가 나를 찾아왔을까? 혹시 난파선에서 살아남은 사람이 나말고 또 있었다는 말인가?'

로빈슨은 일어나 천막 밖으로 뛰어나와 주위를 두리번거렸다. 그러나 아무도 눈에 뜨이지 않았다.

'그럼, 내가 꿈을 꾼 모양이군.'

로빈슨이 고개를 갸웃거리고 있을 때, 또다시 누군가가 부르는 소리가 났다.

"로빈슨, 로빈슨!"

로빈슨이 얼른 그 쪽을 바라보니, 울타리 위에 앵무새 폴이 앉아 있었다. 로빈슨은 기쁨과 실망이 얽힌 쓴웃음을 지었다.

'그런데 앵무새는 왜 여기까지 왔을까? 개와 함께 집을 지키고 있어야 할 텐데…….'

로빈슨은 정말 이상한 생각이 들었다.

앵무새는 또다시 지껄였다.

"로빈슨, 로빈슨!"

그것은 로빈슨이 하도 쓸쓸하여 평소에 중얼거리던 말을 앵무새가 옆에서 듣고 흉내를 낸 것이었다.

"폴, 이리 와!"

로빈슨이 이렇게 부르자, 폴은 얼른 어깨 위로 날아와 앉았다. 로빈슨은 총을 메고 산양 가죽으로 만든 우산을 받고 바닷가의 집을 향하여 걸어가기 시작하였다.

'며칠 집을 비우니까, 걱정이 되어 폴이 여기까지 왔구나!'

로빈슨은 정말 고마운 생각이 들었다.

"폴, 고마워!"

로빈슨은 비로드 같은 폴의 등을 쓰다듬어 주었다.

외딴 섬의 목장

사나운 풍랑 속에서 간신히 목숨을 건진 로빈슨은 그 후 몇 해 동안 다시 배를 탈 엄두도 내지 않고 두 집 사이를 오가면서 평화롭게 살았다. 그러나 그날 그날 해야 할 일은 결코 게을리 하지 않았다. 비록 혼자 있는 외톨이라고 하여도, 열심히 일을 하며 생활을 조금이라도 향상시키는 데 로빈슨의 기쁨과 보람을 느꼈던 것이었다.

할 일은 산더미같이 쌓여 있었다. 그는 바닷가의 집 근처를 또 일구어 새로 밭을 만들었다. 1년에 두 차례나 농사를 지으면서 돌을 깎고 김을 매는 등, 몇 사람이 하여도 벅찬 일을 혼자서 모두 해내었다.

그렇게 일을 많이 할수록 밭에서 거두어들이는 곡식의 수확량도 늘었다. 그래서 곡식 창고를 따로 지어야만 하였다. 굴 속에 쌓아 둔 밀만 하여도, 선원 20, 30명이 이 섬에 표류해 오더라도 2, 3년 동안은 넉넉히 먹을 수 있는 양이었다. 이것은 무엇보다 대견스러운 일이었다.

한편, 로빈슨은 여러 가지 세공품을 만드는 솜씨도 날이 갈수록 좋아졌다. 경험을 쌓으면서 열심히 연구를 해왔기 때문이다. 그래서 이제 로빈슨은 무엇이든지 감탄할 정도로 훌륭하게 만들어 놓았다.

로빈슨은 토기를 만드는 기술도 익숙해져서 음식을 해 먹는 데 조금도 지장이 없었다. 또한 옷을 만드는 솜씨도 한결 나아졌다. 그래서 이제는 산양 가죽옷을 몸에 맞게 지을 수 있게 되었다.

로빈슨은 오랫동안 밖에서 일을 해왔기 때문에 체격도 잘 발달되어 마치 섬의 임금님과 같은 모습을 하고 있었다.

다만 유감스러운 것은 날이 갈수록 탄환과 화약이 줄어든다는 것이었다. 만일, 탄환을 다 써 버리게 되면, 그 때는 산양이나 토끼, 그 밖의 새고기 등은 전혀 맛볼 수 없을 것이었다.

그러나 로빈슨은 크게 걱정하지 않았다. 그 때에는 덫을 놓아 잡을 궁리를 하고 있었기 때문이다. 그는 덫을 만들어 시험해 보았다. 그러나 쇠로 만든 것이 아니라서 번번이 실패하였다.

그래서 로빈슨은 굴을 파서 함정을 만드는 방법을 생각해 내었다. 그는 산양들이 잘 다니는 길목에 몇 개의 굴을 파고, 나뭇잎과 흙으로 눈속임을 하고 그 위에 밀을 뿌려 놓았다. 다음 날 아침에 보니 세 마리의 산양이 걸려들었다. 그러나 로빈슨은 올가미를 걸어 한 놈을 먼저 함정에서 끌어올리려고 하다가 그만 아깝게 놓쳐 버리고 말았다.

'이런, 함정에 빠진 놈을 놓치다니…….'

로빈슨은 분하여서 견딜 수가 없었다. 나머지 두 마리는 그냥 함정에 내버려 둔 채 사흘 만에 가 보았더니, 그 동안에 굶어서 축 늘어져 있었다. 로빈슨은 한 놈 한 놈 끌어올려 먹이를 주었다. 그러자 몹시 배가 고팠는지 눈 깜짝할 사이에 먹어치웠다.

밧줄을 끌어당겼더니 산양들은 순순히 따라왔다. 그래서 집 울타리 안에서 기르기로 하였다. 두 마리의 산양은 차츰 길들여지더니, 한 달 후에는 먹이를 달라고 로빈슨의 뒤를 졸졸 따라다녔다.

로빈슨은 산양을 기르기 위하여 목장을 만들기로 하였다. 그는 풀이 많고 샘이 흐르는 벌판을 찾아가서 길이 백 미터, 넓이 70미터의 목장에 말뚝을 박고 두 마리의 산양을 놓아 주었더니 기쁜 듯이 뛰어 놀았다. 산양은 새끼를 낳기 시작하더니, 2년 후에는 12마리가 되었다. 덕분에 로빈슨은 사냥을 하지 않아도 고기를 얻을 수 있게 되었다. 그리고 산양 젖도 짜서 먹을 수가 있었다.

그러나 로빈슨은 또 이런 생각을 하게 되었다.

'버터나 치즈도 먹을 수 있다면 얼마나 좋을까?'

그러자 지금까지 아주 잊어버렸던 버터나 치즈 생각이 간절하여 입 속에서 저절로 군침이 돌았다.

로빈슨은 어떻게 해서든지 버터나 치즈를 만들어야겠다고 생각하였다. 도구나 경험도 없었으나, 먹고 싶은 욕망이란 무서운 것이었다.

로빈슨은 고향에 있을 때 농부들이 버터나 치즈를 만들던 일을 생각해 내었다. 그는 희미한 기억을 더듬어 그것을 만들어 보았다. 그러자 그런대로 버터 비슷한 것이 만들어졌다. 이것을 기초로 하여 여러 차례 실험을 한 결과 드디어 버터다운 버터를 만드는 데 성공하였다. 그는 드디어 버터를 먹을 수 있게 된 것이었다.

다시 2년이 지나자, 산양은 그 동안에 잡아먹은 것을 제외하고도 마흔세 마리나 되었다. 로빈슨은 포도도 열심히 가꾸었다. 야생의 포도씨를 뿌려서 포도밭을 만들었던 것이다.

'이 포도가 자라서 열매를 맺게 되려면 앞으로 몇 해나 걸릴까? 그 전에 배가 나타나 나는 이 섬에서 떠날 수도 있지 않을까?'

이런 생각이 스쳤으나, 한편으로는 이런 생각도 하였다.

'그렇지만, 구조선이 올 리가 없어. 그건 꿈 같은 이야기야.'

로빈슨은 쓴웃음을 웃었다. 포도나무는 무럭무럭 자라서 3년이 되자 열매를 맺기 시작하였다. 로빈슨은 그 포도로 거의 다 건포도를 만들었다. 이 건포도는 설탕이 없는 이 섬에서 매우 소중한 식료품이었기 때문이다.

수상한 발자국

로빈슨이 이 외딴 섬에서 산 지 어느덧 15년이 지났다. 로빈슨이 절벽 밑에 지은 집은 오랜 세월이 흐르는 동안에 천막이 썩고 미어져서 산양 가죽을 여러 장 올려놓고 돌을 그 위에 덮었다.

그리고 여러 칸의 방을 만들어 점점 늘어가는 가재도구를 차곡차곡 쌓아 두었다. 습기가 차지 않는 넓은 방에는 탄환과 양식을 저장해 두었다. 이 곳이야말로 로빈슨의 귀중한 보물 창고였다. 로빈슨은 이 방 안을 들여다볼 때마다 큰 부자가 된 것 같아 흐뭇하였다.

이 본집에서 조금 떨어진 곳에 넓은 밭이 둘 있었다. 이 밭에서는 계절을 따라 한때는 초록색 밀 이랑이 바람결에 일렁거리고, 한때는 하얀 밀 이삭이 눈부시게 빛나기도 하였다. 별장 주변에도 넓은 밭이 있었다. 그리고 그 밭에서 좀 떨어진 개울 근처에 목장이 있었다. 이 목장에서 산양들은 풀을 뜯으면서 무럭무럭 자랐다.

통나무배는 앞쪽 바닷가에 매어 두었다가 가끔 타고 낚시를 하러 가기도 하였다. 로빈슨은 지난번 폭풍에서 죽을 뻔하다가 겨우 살아났기 때문에, 먼 곳으로 노를 저어 나가는 것을 피하였다.

로빈슨은 이렇게 평화롭게 살아왔으나, 어느 날 갑자기 놀랄 만한 사건이 일어났다. 로빈슨은 별장에 갔다가, 바다거북이라도 잡을 생각으로 서쪽 해안을 향하여 천천히 걸어가고 있었다.

그 곳에는 로빈슨이 만든 통나무배를 간수해 둔 오두막집이 있었는데 로빈슨은 그 근처까지 와서 자신도 모르게 발길을 뚝 멈추었다.

"아!"

그는 발밑의 모래사장을 정신없이 내려다보았다.

그 순간 로빈슨은 등골이 오싹해졌다. 사람의 발자국이 모래 위에 나 있었던 것이다. 오랫동안 무인도인 줄 알고 살았던 이 곳에 사람의 발자국이 나타난 것이었다.

'혹시 야만인의 발자국이 아닐까?'

로빈슨은 더럭 겁이 나서 얼른 모래 언덕에 올라가 사방을 살펴보았다. 그러나 눈에 띄는 것은 하얗게 반짝이는 모래사장과 파랗게 일렁이는 물결뿐이었다. 사람의 그림자는 전혀 보이지 않았다. 귀를 기울여 보아도 들리는 것은 쏴아쏴아 하는 파도 소리와 바람 소리뿐이었다.

로빈슨은 통나무배를 간수해 둔 오두막집으로 가 보았으나 거기에도 역시 아무 이상이 없었다. 그래서 이번에는 바닷가에 가까운 높은 산에 올라가 바다를 내려다보았으나 배 같은 것은 없었다.

'혹시 울퉁불퉁한 모래사장이 내 눈에는 사람의 발자국으로 보인 것이 아닐까?'

다시 한번 자세히 살펴보았으나 분명히 사람의 발자국이었다. 로빈슨은 어디선가 악마가 몰래 남겨 놓고 간 발자국처럼 생각되어 매우 기분이 나빴다.

로빈슨은 온몸에 소름이 오싹 끼쳤다. 그래서 쏜살같이 뛰어서 어느 결에 밀림을 빠져 나와 초원에 이르렀다. 금방 등뒤에서 야만인이 덤벼들어 덜미를 잡아챌 것만 같았다. 바위나 나무도 괴상한 사람의 모양으로 보이고, 토끼가 풀섶에서 바스락거리는 소리에도 가슴이 철렁 내려앉고, 온몸에 식은땀이 흘렀다.

로빈슨은 계속 달음박질을 쳐서 마침내 바닷가의 집에 이르렀다. 울타리를 뛰어넘어 바로 집 안으로 들어가 문을 꼭꼭 잠갔으나, 그래도 두려움이 가시지를 않았다. 로빈슨은 그 날 한잠도 자지 못하였다.

'그것은 대체 누구의 발자국이었을까?'

그는 여러 가지로 생각해 보았으나 알 도리가 없었다. 로빈슨은 사흘 동안 밖으로 한 발짝도 나가지 않았다. 산양의 당번인 개를 밖으로 내보내 봤으나, 아무 이상도 없다는 듯 얌전하게 돌아왔다. 그렇다면 야만인이 이 섬에 살고 있지 않다는 것은 분명한 사실이었다.

'그렇지. 보나마나 바다 저편 대륙에 있는 야만인이 배를 타고 가다가 풍랑을 만나 이 섬에 흘러왔으나, 상륙해 보니 아무도 없어서 그냥 돌아갔을 것이다.'

로빈슨은 이렇게 생각하였다. 그밖에 달리 해석할 도리가 없었다. 그런데 로빈슨은, 놈들이 자신이 감춰 둔 통나무배를 보고 이 섬에 사람이 살고 있다는 것을 알고 다시 돌아올까 봐 걱정이 되었다. 그렇게 되면 그 동안 애써서 장만해 둔 재산을 모두 빼앗기게 될 것이 분명하였다.

그리고 밭은 폐허가 되고, 쉰 마리나 되는 산양도 모조리 빼앗기게 될 것이다. 아니, 그보다도 목숨을 잃게 될지도 모르는 일이었다.

로빈슨은 점점 더 불길한 생각에 사로잡혔다. 그는 당장 야만인들이 쳐들어와 칼을 번쩍이며 자기에게 덤벼들 것만 같았다.

로빈슨은 가슴이 바짝 죄어들어 견딜 수 없었다.

"오, 하느님!"

로빈슨은 입 속으로 나직이 말하였다. 로빈슨에게 언제나 자비로운 것은 하느님뿐이었다. 그는 여느 때와 마찬가지로 성경을 펴고 한 줄 한 줄 조용히 읽어 나갔다. 그러다가 어떤 페이지에서 "내가 너를 구원하노라." 하는 구절이 눈에 띄었다. 그것은 짤막한 글이었으나 로빈슨의 불안한 마음을 부드럽게 어루만져 주었다.

"아, 하느님. 저를 버리지 마옵소서!"

로빈슨은 나직한 목소리로 중얼거렸다. 그러자 로빈슨은 자비로운 하느님의 품안에 안긴 것만 같아 두려움이 한결 가라앉았다.

'어쩌면 그것은 야만인의 발자국이 아닐지도 모른다. 언젠가 신발을 벗고 내가 그 근처를 걸어다닌 적이 있었다. 혹시 그 때의 발자국이 여태 남아 있는 것이 아닐까?'

로빈슨은 이런 생각이 들어 다시 그 바닷가로 슬슬 나가 보았다. 모래사장에는 여전히 발자국이 남아 있었다. 로빈슨은 그 발자국에 자기의 발을 올려놓고 비교해 보았다. 로빈슨의 발자국은 거기에 대면 훨씬 작았다.

'역시 내 발자국은 아니야!'

그렇다면 분명히 야만인이 이 섬에 올라온 것이 분명하다는 생각이 들었다. 그들의 통나무배가 근처에 보이지 않는 것으로 미루어 보아 일단 돌아간 것은 사실이나, 언제 또다시 나타날지 모르는 일이었다.

로빈슨은 다시 불안에 사로잡히게 되었다. 조금 전까지의 편안하던 생각은 순식간에 사라지고, 두려워지기 시작하였다.

로빈슨은 그 후부터 되도록 먼 곳에 나가지 않기로 하였다. 그리고 배가 그들의 눈에 띄지 않도록 동쪽 해안에 깊숙이 감춰 두었다. 그 흉악한 야만인들이 이 섬에 쳐들어와 행패를 부리는 날에는 모든 것이 끝나기 때문이었다. 그렇다고 언제까지나 이렇게 겁만 집어먹고 있을 수는 없었다. 그래서 로빈슨은 자기 자신에게 이렇게 단단히 타일렀다.

'나에게는 지금까지 비바람에 단련되어 온 억센 몸과 문명인의 지혜와 훌륭한 무기가 있다. 설사 적이 떼를 지어 덤벼들더라도 나를 당하지는 못할 것이다. 그러므로 그렇게까지 걱정할 필요는 없다.'

그러나 우선 그들에게 발각되지 않는 게 가장 중요하다. 아무 이득도 없는 싸움을 한다는 것은 현명한 일이 아니다.

로빈슨은 우선 야만인들이 섬 깊숙이 쳐들어왔을 때의 대책을 세우기로 하였다. 집을 적에게 빼앗기지 않는 것이 무엇보다 중요한 일이었다.

로빈슨은 울타리 밖에 또 나무를 뼁 둘러 심었다. 그리고 낡은 철사를 가로 세로로 얽어 놓았다. 또한 바위틈의 돌과 흙을 날라다가 두툼한 토담을 쌓고 군데군데 구멍을 내어, 배에서 가져온 일곱 자루의 총을 미리 준비해 놓았다가, 연이어 적을 쏠 수 있게 하였다.

이런 준비를 하는 데, 무려 1년 가까이 걸렸다. 울타리 밖에 심어 놓은 수십 그루의 나무는 그 동안 무럭무럭 자라서 집을 겹겹이 에워쌌다. 이 울타리 중간에는 넓은 빈터를 두었으므로, 야만인들이 쳐들어와서 몸을 숨기기 어렵게 되어 있었다.

다음에는 산양들이 걱정이었다. 지금의 목장은 금방 발각되고 말 것이 분명하였다. 그래서 로빈슨은 숲 속 깊숙한 곳에 남의 눈에 잘 띄지 않는 새로운 목장을 만들어 산양을 옮겼다. 그리고 동굴에는 옆에 구멍을 뚫어서 만일의 경우에 도망갈 길도 마련해 놓았다.

이렇게 겉으로 볼 때는 모든 일이 척척 순조롭게 되어 가는 듯 보였으나, 이 일을 마치기까지 로빈슨의 고생은 이루 말로 다 할 수 없었다.

이 일을 마치기까지는 2년 가까운 세월이 걸렸다. 그 동안에 야만인은 한 번도 나타나지 않았다. 이것은 이상스럽기도 하고 또 다행스러운 일이었다. 로빈슨은 그 발자국이 있는 바닷가 근처의 산에 올라가 때때로 앞바다를 살펴보았으나, 배 같은 것은 한 번도 눈에 띄지 않았다.

그 때로부터 5년이 지났다. 그런데도 야만인은 나타나지 않았다. 로빈슨은 이제 마음을 놓아도 좋을 것 같다고 생각하였다.

'어떤 사람이 우연히 이 섬에 잠시 올라왔다가 돌아갔을 뿐, 야만인이나 맹수는 아니다.'

그렇게 생각하니 지난 5년 동안 신경을 곤두세우고 야만인의 습격에 대비해 온 일이 부질없게 생각되었다.

개의 죽음

그러는 동안 무서운 악마가 이쪽을 향하여 슬금슬금 손을 뻗치고 있었다. 그러나 로빈슨은 아무것도 모르고 하루하루 일에만 열중하였다.

그런데 어느 날, 밖에서 놀고 있던 앵무새 폴이 급히 날아 들어와,

"로빈슨, 로빈슨!"

하고 로빈슨의 어깨에 올라앉더니, 주둥이로 로빈슨의 귀를 마구 쪼아 대었다.

'이건 보통 일이 아니구나!'

로빈슨은 생각하였다.

폴은 다시 푸르르 날아서 저쪽 나무에 앉아,

"로빈슨, 로빈슨!"

하고 목이 터져라 불러 대었다.

로빈슨이 그 쪽으로 가자, 폴은 또 날아서 저쪽 가지로 옮겨 앉아 로빈슨을 불렀다. 로빈슨은 아무래도 수상하여 급히 집에 뛰어들어가 총을 가지고 폴을 따라갔다. 폴은 로빈슨을 작은 목장으로 인도하였다. 그곳에서 로빈슨은 하마터면 "악!" 하고 소리를 지를 뻔하였다.

목장 앞에 개가 거품을 물고 쓰러져 있었다.

'아니, 이게 무슨 일인가?'

로빈슨이 무릎을 꿇고 개의 등을 손으로 쓰다듬어 주었다. 그랬더니 개는 가느다란 눈을 뜨고 힘없이 꼬리를 치면서 연방 숨을 몰아쉬었다.

로빈슨은 야만인의 독약이라도 먹은 것이 아닌가 해서 주위를 살펴보았으나 아무것도 눈에 띄지 않았다.

'아, 역시 너무 늙어 기진해서 쓰러진 것이구나.'

로빈슨은 이렇게 생각하니 가여워 견딜 수가 없었다.

이 개는 20년 동안이나 이 섬에서 로빈슨과 함께 살아왔다. 여느 개들보다도 오래 산 것은, 섬의 공기가 맑고 깨끗하기 때문이었다. 그러나 최근 몇 해 전부터 개는 분명히 기운이 없어 허덕여 왔다. 또 이빨까지 거의 다 빠져 뼈다귀는 물론 고기 찌꺼기도 제대로 씹지 못하였다.

오늘 아침에도 산양 고기를 넣어서 끓여 준 죽도 다 먹지 못하고 절반이나 남겼다. 그러나 여느 때와 마찬가지로 오늘 아침에도 별로 괴로운 기색 없이 밖으로 나가던 모습이 로빈슨의 눈에 선하였다. 충실한 개는 주인을 위하여, 늙어서도 지친 몸을 이끌고 끝까지 일을 하다가 쓰러진 것이었다.

로빈슨은 눈물이 글썽하여 개울물을 떠다가 개의 입에 넣어 주었다. 그러자 개는 몸을 일으키려고 안간힘을 쓰다가 그 자리에 힘없이 쓰러져 버렸다. 개의 콧김은 불같이 뜨거웠다.

로빈슨은 개를 안고 집으로 돌아왔다. 럼주를 물에 타서 개의 입에 넣어 주기도 하고, 빵과 산양 고기 국물도 입에 넣어 주었다. 그러나 물만 목구멍으로 넘어갈 뿐, 빵 같은 건더기는 넘기지 못하였다.

'아, 이제는 다 틀렸다. 이 개는 처음에 난파선에서 이 섬에 데려왔을 때부터 오늘에 이르기까지 나를 위하여 얼마나 애써 주었던가!'

사실 이 개는 오랫동안 로빈슨의 둘도 없는 마음의 친구였다. 로빈슨은 여러 가지 일들이 생생하게 되살아나 가슴이 미어지는 것 같았다. 개를 바닥에 뉘어 놓고 손으로 살살 쓰다듬어 주었더니, 눈을 가느다랗게 뜨고 꼬리를 약간씩 흔들었으나 열이 심하여 몸을 떨고 있었다.

'어떻게든 살릴 수 없을까? 한 달만이라도, 아니 며칠만이라도…….'

로빈슨은 사랑하는 자식을 간호하는 심정으로 목메어 울부짖었다.

"제발 죽지 말아 다오!"

그러나 개는 여전히 몸을 떨며 숨을 몰아쉬었다. 로빈슨은 조금이라도 따뜻하게 해 주려고 그날 밤 줄곧 개를 품에 안고 잤다.

그러나 다음 날 아침에는 병세가 더 나빠져, 산양 젖도 물도 전혀 넘기지 못하였다. 개는 눈을 가늘게 뜨고 로빈슨의 가슴에 코끝을 비벼 대었다. 그것은 마치,

"나는 그 동안 당신과 즐겁게 살아왔습니다. 그러므로 이제 죽어도 여한이 없습니다."

하고 마지막 작별 인사를 하는 것처럼 느껴졌다.

개의 눈은 차츰 생기를 잃어 가고 하얀 막이 씌워지기 시작하였다.

"임마, 정신 차려!"

로빈슨이 울부짖으며 머리를 쓰다듬어 주자, 개는 거의 감긴 눈을 다시 떴다. 로빈슨과 개는 서로 눈을 마주친 채 한동안 움직이지 않았다.

이윽고 개는 조용히 눈을 감았다. 그리고 다시는 눈을 뜨지 않았다. 헐떡이던 숨소리도 멈추어 버렸다. 드디어 개는 죽고 말았다. 로빈슨의 눈에서는 눈물이 빗방울처럼 쏟아졌다. 로빈슨의 어깨에 앉아 있던 폴도 개의 죽음을 슬퍼하는 듯이 가만히 있었다.

로빈슨은 바다가 잘 바라보이는 언덕 위에 구덩이를 파고 개를 묻은 다음, 나무로 십자가를 만들어 무덤 앞에 꽂아 주었다.

"편히 쉬어라!"

로빈슨은 이렇게 중얼거리며, 무덤에 꽃을 뿌려 주었다.

무서운 식인종

로빈슨이 섬에 온 지도 벌써 23년째가 되었다. 충실한 개를 잃은 로

빈슨은 슬픔과 허전한 마음을 억제하지 못하여 얼마 동안 좀처럼 일이 손에 잡히지 않았다.

앵무새는 지금도,

"로빈슨, 가엾은 로빈슨!"

하고 지껄여 대었다. 앵무새는 백 살도 더 산다고 하니, 개가 죽은 후에도 오래오래 로빈슨을 위로해 줄 것이었다.

마침 밀의 추수 때라, 로빈슨은 개를 잃은 슬픔을 간신히 가라앉히고 날마다 밭에 나갔다.

그 날 로빈슨은 아침 일찍부터 집을 나섰다. 로빈슨은 문득 바다 쪽을 바라보다가 깜짝 놀라,

"앗!"

하고 소리를 질렀다. 먼 바다 위에 통나무배 한 척이 보였던 것이다.

"야만인의 배다!"

로빈슨은 가슴이 두근거렸다. 급히 집에 뛰어가 망원경을 갖고 자세히 바라보니, 두세 사람이 그 통나무배에 타고 있었다.

로빈슨은 야만인들에게 발견되어서는 안 된다는 생각에서, 나무 그늘에 얼른 몸을 숨기고 자취를 감춰 버렸다.

이것으로 로빈슨이 지금까지 궁금히 생각해 오던 수수께끼 하나가 풀리게 되었다. 역시 바다 저쪽의 육지에는 야만인들이 살고 있었던 것이다. 그리하여 때때로 이 섬에 상륙한 모양이었다. 그 곳은 지금까지 로빈슨이 한 번도 가 보지 못한 서해안이었으므로, 로빈슨도 그들을 발견하지 못하고 그들도 로빈슨을 발견하지 못하였던 모양이었다.

'아, 용케 나는 오늘날까지 놈들의 눈에 띄지 않았구나!'

이렇게 생각하자 로빈슨은 온몸에 소름이 오싹 끼쳤다. 그러나 야만

인이라고 해서 반드시 흉악한 식인종이라고만 단정할 수는 없었다.

'아, 제발 그들이 에스파냐령의 온순한 야만인이라면 얼마나 좋을까?'

로빈슨은 한가닥 희망을 갖게 되었다. 만일 그들이 에스파냐령의 야만인이라면 조금도 무서울 것이 없을 뿐만 아니라, 잘 부탁하면 그들의 배 편으로 에스파냐 사람들이 살고 있는 곳까지 갈 수 있을지도 모르는 일이었다.

로빈슨은 불안과 희망에 싸여 바다 저편을 바라보다가, 좀더 자세한 내막을 알기 위하여 해안까지 가 보기로 하였다. 거기는 로빈슨이 처음으로 발을 들여놓은 곳이었다. 바다 기슭에는 잡초들이 무성하여 로빈슨의 어깨까지 자라고 있었다. 그 곳을 지나니 넓은 모래사장이 나타났다. 로빈슨은 혹시 근처에 통나무배가 있지 않나 하여 두루 살펴보았으나 눈에 띄지 않았다.

로빈슨은 약간 마음이 놓여 해안을 끼고 남쪽으로 향하였다. 그 곳을 곧장 가면 반드시 집에 닿을 것이라고 생각하고 발걸음도 가벼워졌다. 로빈슨은 약 30분쯤 모래를 밟으며 걸어가다가,

"아, 앗!"

하고 비명을 질렀다.

모래 위에는 사람의 뼈다귀들이 여기저기 널려 있었다. 그 뼈다귀엔 군데군데 메마른 살점이 붙어 있고, 해골에 시꺼먼 털이 달려 있어, 더욱 징그러웠다. 주위에는 무어라고 말할 수 없는 메스꺼운 냄새가 코를 찌르고 불그스름한 피가 흰 모래를 물들이고 있어서, 로빈슨은 마치 귀신에 홀리기라도 한 것처럼 무시무시하였다.

로빈슨은 정신없이 뛰었다. 그 통나무배는 식인종의 것이었고, 이 곳은 그들이 사람을 잡아먹는 생지옥이었다.

로빈슨은 집까지 뛰어와서 침대에 쓰러진 채, 다시 일어날 엄두조차 내지 못하였다. 로빈슨은 두근거리는 가슴을 간신히 가라앉히고 곰곰이 생각해 보았다. 식인종들은 적과 싸워서 이기면 포로를 잡아먹는 것이었다. 그러나 그들은 미신을 깊이 숭상하여 일정한 장소에서 사람을 잡아먹지 않으면 천벌을 받는다고 생각하고 있었다. 그리하여 이 섬을 그런 장소로 정한 모양이었다.

그렇다면 그들은 사람을 잡아먹기 위하여 여러 차례 이 섬에 온 것이 분명하였다. 그러나 다행히 섬의 내부는 살피지 않고 포로만 잡아먹고 곧 돌아갔던 것이다.

로빈슨이 오늘날까지 무사히 살아온 것은 이 때문이었다. 그러나 결코 안심할 수는 없었다. 그들이 언제 이 섬을 샅샅이 뒤질지 모르기 때문이었다. 만일 로빈슨이 그들에게 발각되면, 소나 돼지처럼 처참한 죽음을 면치 못할 것이었다. 로빈슨은 생각만 하여도 등골이 오싹하였다.

그 후, 로빈슨은 몇 해 동안 총을 쏘지 않았다. 그들이 총소리를 들으면 이 섬에 사람이 살고 있다는 것을 알아챌 것이라는 생각에서였다.

로빈슨은 목장을 갖고 있는 것이 여간 다행한 일이 아니었다. 총을 쏘아 짐승을 잡지 않아도 고기를 먹을 수 있었기 때문이다.

로빈슨은 외출할 때 무장을 단단히 하고 망원경을 손에서 놓지 않았다. 그리고 그 무시무시한 지옥의 해안에는 얼씬도 하지 않았다. 로빈슨은 이처럼 경계를 게을리하지 않았기에 그 후 2년 동안 무사히 지냈다.

하지만 그 동안에도 그 무서운 야만인들에 대한 생각을 하루도 잊어본 적이 없었다. 그러나 농사 짓기와 목장 돌보기를 쉬지 않았다. 하루의 일을 마치고 의자에 앉아 테이블에 한쪽 팔을 얹고 희미한 등불을 쳐다볼 때마다, 야만인에 대한 반항심이 더욱 거세게 일어났다.

'저 악독한 놈들의 손에 걸려들어 비참하게 죽은 자들이 얼마나 많을

까. 지금 내가 이런 생각을 하는 동안에도 놈들은 가엾은 포로들을 잡아먹으면서 입맛을 다실지도 모른다.'

로빈슨은 가엾은 포로들의 비명 소리가 귀에 울려오는 것만 같았다.

'아, 사나이 대장부로 태어나 저런 놈들을 처치할 수 없다니, 이 얼마나 부끄러운 일인가!'

로빈슨은 칼을 쑥 뽑아 휘둘러 보았다. 공들여 갈아 둔 칼날은 가을 바닷물처럼 시퍼렇게 반짝였다. 로빈슨은 허공을 향하여 칼을 몇 번이나 내리쳤다. 이 날카로운 칼과 이 총, 그리고 가슴속에 깃들여 있는 용감한 배짱이 있는 이상, 로빈슨은 저 야만인들을 두려워할 필요는 없다고 생각하였다.

로빈슨은 포로들을 위하여 어떤 위험이 닥치더라도 사나이답게 싸울 각오를 하였다. 그러자 로빈슨의 가슴은 복수심에 활활 불타올랐다.

'이 섬은 내 영토다. 나는 이 섬의 임금이다. 그러므로 이 섬에서 야만인이 만행을 저지르는 것을 보고만 있을 수는 없다.'

로빈슨은 이렇게 생각하고, 야만인을 기어코 쳐부수려고 하였다. 올바른 일을 위하여 용감히 싸울 때 하느님은 반드시 힘이 되어 주리라는 것을 믿어 의심치 않았다. 그는 의분에 가득 차서, 어떻게 하면 그 야만인들을 전멸시켜, 이 섬에 다시 그들의 더러운 발길이 얼씬도 못하게 할 수 있을까 하고 여러 모로 궁리를 하였다.

놈들이 사람을 잡아먹을 때 불을 피우는 자리에 땅을 파고 화약과 돌을 함께 묻어 놓고 지뢰 장치를 해 놓았다가 놈들을 단번에 몰살시키는 것도 하나의 좋은 방법이라고 생각되었다.

그러나 요즘은 화약이 줄어 그렇게 많은 양을 소비하면 나중에 어려움을 겪을 것 같아서 선뜻 마음이 내키지 않았다. 그리고 모처럼 화약을 묻어 놓은 장소에 놈들이 불을 피우지 않으면 아무 소용도 없는 것이었다. 설사 불을 피워 화약이 폭발한다 하더라도 과연 놈들을 전멸시킬 수 있을지도 의문이었다.

선불리 놈들을 건드렸다가 섬의 내부까지 들이닥치는 날이면, 로빈슨 혼자서 놈들을 물리친다는 것은 매우 어려운 일이었다.

로빈슨이 모든 총에다 두 발씩 탄환을 장치하여 가까운 나무에 걸어 두었다가 놈들이 술에 취하여 곯아떨어졌을 때 발사하면 몇 놈쯤은 처치할 수 있을 것이다. 그렇게 되면 놈들은 별안간 귀청을 울리는 소리에 놀라 갈팡질팡하면서 몸도 제대로 가누지 못할 테니, 그 때 한 손으로 권총을 쏘고 한 손으로 칼을 휘둘러 스무 명쯤은 무난히 처치해 버릴 수 있을 것이다.

로빈슨은 이것이 가장 좋은 방법이라고 생각하였다. 그래서 곧 무기를 들고 산에 올라가 통나무배를 발견하려고 애썼으나, 몇 달이 지나도 놈들은 그림자도 얼씬거리지 않았다. 그러나 언제 어디서 불쑥 나타날지 모르므로, 로빈슨은 조금도 경계를 소홀히 하지 않았다.

놈들은 적어도 스무 명은 될 것이었다. 계획대로 한꺼번에 몽땅 잡을 수 있다면 문제가 되지 않지만, 만일 몇 놈이라도 놓치는 날이면, 몇백 명인지 알 수 없는 패거리들을 모아 가지고 수십 척의 통나무배를 타고 복수하러 덤벼들 것은 뻔한 일이었다. 그러므로 절대로 한 놈이라도 놓쳐서는 안 되는 것이었다.

로빈슨은 생각이 여기까지 미치자 선뜻 마음이 내키지 않았다. 그래서 다른 방법을 이것저것 생각해 보았으나, 좋은 생각이 머리에 떠오르지 않았다. 결국 로빈슨은,

'역시 놈들에게 들키지 않도록 숨어 있는 것이 제일이다.'
하고 생각하게 되었다.

로빈슨은 서쪽 해안에 있는 통나무배를 동쪽 해안의 후미진 바위 뒤

에 숨겼다. 그리고 그밖에 사람의 흔적을 알아채게 할 만한 것은 눈에 띄지 않게 가려 놓았다. 그리고 목장에 가서 산양 젖을 짜거나 밭을 돌보는 경우 이외에는 될 수 있는 대로 바깥에 나가지 않았다.

동굴 속의 보물

그 후 2년은 야만인이 한 번도 나타나지 않아 무사히 지냈다. 그 동안 놈들은 싸움을 하지 않아 잡아먹을 만한 적의 포로가 없었던 모양이었다.

로빈슨은 차츰 긴장이 풀리기 시작하였다. 그러나 총을 쏘아 짐승을 잡거나 큰 소리를 내며 나뭇가지를 자르는 따위의 일은 전혀 하지 않았다. 놈들이 듣고 섬에 몰려올지도 모르기 때문이었다.

로빈슨은 곰곰이 생각한 끝에, 섬의 동쪽에 있는 깊숙한 밀림 속에서 숯을 구워, 그것을 땔감으로 쓰면 안전할 것 같았다. 숯을 피우면 집 안에서 빵이나 고기 같은 것을 마음놓고 구워먹을 수 있을 것이다.

로빈슨은 섬의 동쪽에 있는 깊숙한 밀림 속에서 숯을 굽기로 했다.

어느 날, 로빈슨은 숯가마에 나무를 쌓는 작업을 하다가 문득 근처에 구멍이 뻥 뚫린 동굴을 발견하였다.

호기심이 생긴 로빈슨은 주위에 얽혀 있는 머루 덩굴과 잡초를 헤치고 속을 들여다보았다. 그 동굴은 두 사람쯤은 자유롭게 드나들 수 있게 되어 있었다.

'이 곳에 산양 떼를 숨겨 두면 좋겠군.'

로빈슨은 안을 들여다보았다. 희미하게 스며드는 햇빛 속에서 촉촉이 젖어 있는 이끼가 눈에 띄었다. 그러나 7, 8미터 저쪽은 어두컴컴하여 잘 보이지 않았지만, 막다른 곳인 듯하였다.

로빈슨은 산양을 기르기에는 너무나 비좁아 가벼운 실망을 느끼면서도 안으로 깊숙이 들어가 보았다. 그러나 막다른 곳이라고 생각하였던 데서 옆으로 꺾이는 길이 뚫려 있었다.

로빈슨은 주위를 더듬으면서 몇 발자국 안으로 들어갔다. 그런데 로빈슨은 깜짝 놀라 걸음을 멈추었다. 어둠 속에서 이상하게 빛나는 두 개의 진주알 같은 것이 보였던 것이다.

로빈슨은 섬뜩하여 두어 걸음 물러섰다. 그러자 땅바닥에서 솟아나는 듯한 신음 소리가 들려왔다. 로빈슨은 기겁을 하여 뒤로 자빠질 뻔하였다. 그 신음 소리에는 중얼중얼 뇌까리는 듯한 소리도 섞여 있었다.

'사람인가, 괴물인가?'

등골에 서릿발이 뻗치는 것 같았다. 순간 이상한 빛은 꺼져 버렸다.

"앗!"

로빈슨은 다시금 크게 놀랐다. 이어서 구슬픈 신음 소리가 들려왔다. 로빈슨은 온몸을 벌벌 떨면서 살금살금 뒷걸음질을 쳤다. 간신히 입구 쪽에 다다르자, 로빈슨은 한동안 두근거리는 심장을 가라앉히느라고 무척 애를 썼다.

'대관절 그 소리의 정체는 무엇일까?'

로빈슨은 식은땀을 닦으며 생각해 보았으나, 도무지 알 수가 없었다.

그러나 로빈슨은 기어코 그 정체를 알아봐야겠다는 생각에서, 마른 나뭇가지를 모아 횃불을 만들어 한 손에 들고, 또 한 손에는 권총을 들고 동굴 속으로 들어섰다.

그런데 이번에는 그 괴상한 신음 소리가 아까보다 더욱 크게 들려왔다. 로빈슨은 횃불을 높이 쳐들고 앞을 살펴보았다.

"아아!"

거기에는 큼직한 짐승이 엎드려 있었다. 자세히 보니 늙은 산양이었다. 로빈슨은 자기가 지나치게 겁을 집어먹은 일이 우스꽝스러워 쓴웃음을 지었다.

로빈슨은 산양의 뿔을 잡아 일으키려 하였다. 그러자 산양은 간신히 목을 치켜들었다. 그러나 발과 허리가 말을 듣지 않는지 그대로 주저앉았다. 산양은 어차피 오래 살지 못할 것을 알고 이 동굴에서 조용히 죽음을 기다리고 있는 것 같았다. 로빈슨은 죽은 개가 생각났다. 그래서 이 산양의 처지가 여간 가엾지 않았다.

로빈슨은 곧 집에 돌아가서 럼주를 탄 물과 빵을 가져다가 산양에게 주었다. 그러자 산양은 한두 번 혀를 날름거리다 말고 다시 신음 소리를 내었다. 아마 빵을 씹을 기력도 없는 모양이었다. 로빈슨은 가엾게 생각하면서도 그대로 내버려 둘 수밖에 없었다.

주위를 살펴보니, 동굴은 안쪽에 구멍이 나 있지만 천장이 낮아서 기어가지 않으면 더 들어갈 수가 없었다. 로빈슨은 내일 다시 오리라 생각하고 일단 집으로 돌아왔다.

이튿날 로빈슨은 초를 마련해 가지고 집을 나섰다. 동굴 속으로 가보니 산양은 아직도 살아 있었다. 이번에는 숨을 그르렁거리면서 신음하고 있었다. 주위가 환해지자 한참 두리번거리다가 곧 눈을 감아 버렸다.

로빈슨은 산양의 등을 한참 쓰다듬어 주고 나서 다시 안쪽으로 기어들어갔다. 10미터쯤 갔더니 동굴이 갑자기 넓어지고 천장도 높아졌다.

로빈슨은 발밑을 조심하며 왼쪽 암벽에 붙어 앞으로 나아가다 갑자기,

"야!"

하고 감탄의 소리를 지르면서 걸음을 멈추었다.

암벽이 희미한 촛불을 받아 눈부시게 빛났던 것이다. 촛불을 가까이 비추어 보니, 정말 놀라운 광경이 벌어졌다. 바위틈에는 헤아릴 수 없이

많은 수정이 옹기종기 엉켜 있었다.

"수정이로구나!"

로빈슨은 이렇게 중얼거리면서 한동안 멍하니 서 있었다. 그러나 다음 순간 더욱 놀라운 것이 눈에 띄었다. 수정의 맥 사이에 눈부시게 빛나는 것이 헤아릴 수 없이 많았던 것이다.

"황금이다!"

로빈슨이 외쳤다. 전혀 뜻밖의 일이라 로빈슨은 깜짝 놀라 주위를 돌아보았다. 바위틈이나 발부리에 널려 있는 숱한 자갈이 모두 찬란한 빛을 내는 보물들이었다.

로빈슨은 허리를 굽혀 그 자갈을 몇 개 주워 살펴보았다. 아무래도 다이아몬드 같았다. 그 곳은 황금과 보물의 동굴이었던 것이다. 만일 이것을 다 파낸다면 그 값어치는 헤아리기도 어려울 정도였다. 그 무진장한 보물은 모두 로빈슨의 것이었다.

로빈슨은 갑자기 엄청난 부자가 된 것이 기뻐서, 한동안 그 암벽을 두 손으로 정신없이 어루만지고 있었다.

그러나 로빈슨은 이 황금이나 보물도 지금의 자기에게는 아무 소용이 없다는 것을 곧 깨닫게 되었다. 그것은 저 난파선에서 가져온 금화나 다름이 없었다. 로빈슨의 환희는 갑자기 공허로 바뀌었다.

그러나 앞으로 이 섬에서 구출되는 날이면, 이 어마어마한 보물이 크게 쓸모가 있을 것이라고 생각하니 가슴이 마구 뛰었다.

그것은 역시 엄청난 발견이었다. 그러나 지금 이 동굴은 로빈슨에게 훌륭한 피신처가 되어 줄 뿐이었다. 로빈슨은 여간 기쁘지 않았다.

동굴의 바닥은 거의 평평하고 말라 있었다. 벽에는 습기가 없고, 천장에서 물이 흘러내리지도 않았다. 물론 독벌레 같은 것도 눈에 띄지 않았다. 그 곳은 눈부시게 빛나는 천연 그대로의 호화로운 방이었다.

로빈슨은 곧 중요한 물건들을 이 곳에 옮겨놓았다.

세 자루의 총과 탄환은 물론, 말린 고기, 건포도, 빵, 럼주, 물항아리 등 반 달 동안은 밖에 나가지 않아도 걱정이 없을 만큼 물건들을 저장하였다.

로빈슨은 만일 야만인들이 이 섬에 깊숙이 쳐들어오면 이 동굴에 피신해 있을 작정이었다. 이튿날, 늙은 산양은 숨을 거두었다. 로빈슨은 동굴 입구에 땅을 파고 산양을 잘 묻어 주었다.

야만인의 춤

로빈슨은 황금과 보물을 발견하자 고향에 돌아가고 싶은 생각이 간절하였다. 보물을 갖고 고향에 돌아가면 큰 부자가 되어 남을 도우며 잘 살 수 있을 것이다.

'오랫동안 행방불명이던 내가 갑자기 큰 부자가 되어 집으로 돌아가면 부모님은 얼마나 놀라실까?'

이렇게 생각하니, 로빈슨은 뛰는 가슴을 걷잡을 수 없었다. 이 섬에 온 지도 어느덧 23년이라는 세월이 지나갔다. 그러니까 집을 몰래 나온 해부터 따지면 34년째가 되었다. 그러므로 로빈슨은 늙은 부모님이 아직도 살아 계시리라고는 도저히 믿을 수 없었다.

'아, 나는 얼마나 불효자인가?'

로빈슨은 후회의 눈물을 하염없이 흘렸다.

'부모가 세상을 떠난 고향에 보물을 싣고 간들 뭘 하는가?'

로빈슨은 이런 생각도 들었다.

큰형은 전사하고 작은형은 행방불명이 된데다가 로빈슨까지 집을 떠났으니 부모의 뒤를 이을 사람도 없을 것이다. 그 큰 저택과 아름다운 정원은 벌써 남의 손에 넘어갔을 것이다. 만일 그렇지 않고 그대로 고스란히 팽개쳐 놓았다면 지금쯤 풀덤불이 무성할 것이다.

"그리운 어머니, 아버님! 부디 살아 계십시오."

로빈슨은 마음속으로 울면서 기도하였다.

그러나 로빈슨은 그리운 고향에 갈 수 없었다. 언제 나타날지도 모르는, 아니 나타날 가망이 거의 없는 구조선을 기다리며 이 섬에서 혼자 살아야 하는 것이다. 거기다 언제 식인종에게 잡아먹힐지도 모르는 처지였다. 설사 그런 참혹한 일을 당하지 않더라도 이 섬에서 혼자 늙어 가다가, 로빈슨에게도 마침내 죽는 날이 돌아올 것이다.

그 때 누가 로빈슨을 묻어 줄 것인가? 오직 앵무새 폴만 살아남아서,

"로빈슨, 로빈슨!"

하고 부르짖을 것이다.

'아, 그 때는 이 섬에서 사람의 그림자를 찾아볼 수 없을 것이며, 새나 짐승만이 사는 무인도가 될 것이다.'

이렇게 생각하니 눈앞이 캄캄해지고 가슴이 터질 것 같았다.

그 해 12월의 일이었다.

로빈슨이 밭에서 밀을 거두어들이기 위하여 아침 일찍 집을 나서려고 사다리를 오르고 있었다. 그 때 멀리 서쪽에서 모닥불이 벌겋게 타오르고 있었다. 로빈슨은 깜짝 놀라 사다리에서 한참 동안 바라보았다.

아, 야만인이 이렇게 가까운 곳까지 와 있었던 것이다. 분명히 조류에 밀려 이 섬에 상륙하였을 것이다. 놈들은 동굴에서 약 3킬로미터 정도 떨어져 있는 것 같았다. 동굴과 놈들 사이에는 강이 있으며 나무가 무성하지만, 그 정도의 장애는 놈들이 손쉽게 뚫을 수 있을 것 같았다.

로빈슨은 급히 집 안에 들어가 다섯 자루의 총에 탄환을 재어 울타리 사이에 마련해 놓은 총구멍에 장치하고, 망원경으로 놈들의 움직임을

지켜보았다. 그러나 두 시간이 지나도 놈들은 이쪽으로 다가올 기미를 보이지 않았다.

바닷가에서는 모닥불이 피어오르고, 그 주위에는 서른 명 가량의 야만인들이 춤을 추고 있었다. 놈들은 지금 포로의 고기를 불에 구워 먹으면서 독한 술을 들이켜고 기뻐 날뛰는 모양이었다. 이윽고 놈들은 춤에 지친 듯, 모래 위에서 멋대로 뒹굴더니 사지를 쭉 뻗고 늘어졌다.

"이 때다!"

로빈슨은 총을 들고 똑바로 겨냥을 하였다. 그러나 곧 총부리를 떨어뜨리고 말았다. 만일 실패하면 크게 보복을 당하게 때문이었다. 그러므로 한 놈도 남기지 않고 모조리 쏘아 죽여야 하는 것이었다. 로빈슨은 이런 생각을 하니 쉽사리 방아쇠를 당길 수 없었다.

한참 망설이고 있는데 아침해가 바다와 모래사장을 불그스름하게 물들이기 시작하였다.

그러자 놈들은 일제히 일어나 하늘을 향하여 뭐라고 외치면서 물가에 매어 둔 배를 타고 급히 노를 저어 나갔다. 아침에 조류의 방향이 달라질 것이므로 얼른 섬에서 물러나려고 서두르는 모양이었다.

배는 멀리 바다 한복판을 향하여 멀어져 갔다. 그 모습이 아주 사라진 것은 두 시간 후의 일이었다.

로빈슨은 모닥불이 가물거리는 바닷가를 향하여 걸어갔다. 그런데 로빈슨은 걸음을 멈추고 외마디소리를 질렀다.

"오!"

온몸이 일시에 굳어 버리는 것 같았다. 그 곳은 처참하기 짝이 없는 식인종의 잔치자리였다. 모래 위에는 해골이 여기저기 흩어져 있고, 붉은 피가 군데군데 괴여 있었다.

가물가물 연기가 감도는 모닥불에서는 사람의 고기가 타는 냄새가 코를 찔렀다. 로빈슨은 뱃속이 메스꺼워 견딜 수가 없었다. 해골을 살펴보니 세 사람이나 놈들에게 희생이 되었다.

"악독한 놈들 같으니! 다시 이 섬에 나타나기만 해 봐라. 그 때는 모조리 죽여 버릴 테다!"

로빈슨은 두 주먹을 불끈 쥐고 수평선을 향하여 외쳤다.

로빈슨은 두 번이나 이 처참한 광경을 보고 치가 떨렸다. 놈들의 악독한 만행은 도저히 용납할 수 없었다.

그래서 로빈슨은 어떤 위험을 무릅쓰고라도 놈들을 없애 버리겠다고 굳게 다짐을 하였다.

폭풍우의 밤

야만인이 바닷가에 나타난 후로 어느덧 1년 반이라는 세월이 흘렀다. 로빈슨은 그 동안 하루도 놈들에 대한 경계를 게을리하지 않았다.

로빈슨이 이 섬에 처음으로 발을 들여놓은 지 25년째 되는 날이었다. 아침부터 미친 듯이 몰아치던 폭풍은 밤이 되어 더욱 극성을 부렸다.

이런 때에는 야만인이 섬에 올 리가 없으므로 로빈슨은 마음을 턱 놓고 천막 속에서 성경을 읽고 있었다. 그런데 바다 쪽에서 갑자기 이상한 소리가 들렸다.

처음에는 천둥 소리인 줄 알았는데 자세히 들어 보니 대포 소리 같았다. 로빈슨은 산양 가죽 외투와 모자를 뒤집어쓰고 급히 울타리 꼭대기로 기어올라갔다.

사나운 비바람이 휘몰아쳐 울타리에 올라간 로빈슨의 몸이 흔들릴 지경이었다. 로빈슨은 사다리를 꽉 붙잡고 어두운 바다 저쪽을 유심히 내다보았다. 때때로 번개가 산더미 같은 파도를 비춰 보일 뿐이었다.

"쿵, 쿵쾅!"

다시 이상한 대포 소리가 들려왔다. 그것은 난파선의 구조 신호임이 틀림없었다. 로빈슨은 어둠 속을 뚫어지게 바라보았다. 멀리서 불꽃이 번쩍 하자 또다시 포성이 울려왔다. 불꽃과 포성으로 미루어 보아, 배는 로빈슨이 전에 난파당한 곳에서 얼마 떨어지지 않은 곳에 있는 것 같았다.

로빈슨은 울타리에서 뛰어내려 곧장 해안 절벽 위로 달려갔다. 몇 번이나 땅바닥에 쓰러져 흙탕물투성이가 되었으나, 몸을 가누고 불꽃과 포성의 방향을 지켜보았다.

난파선은 사나운 조류에 말려든 모양이었다. 그리하여 불꽃은 점점 멀리 동쪽에서 가물거리고, 포성도 차츰 약하게 들렸다.

동쪽 바다에는 로빈슨이 전에 걸려든 죽음의 소용돌이가 있으며, 그 일대에는 암초가 군데군데 도사리고 있었다.

'어떻게 해서든지 이 섬에 사람이 살고 있다는 것을 알려야 한다.'

로빈슨은 급히 집에 돌아와 숯불을 피워 외투 밑에 가리고 산에 올라가 불을 피우려고 하였으나, 폭풍이 하도 세차게 불어 와 잘 되지 않았다. 천둥은 성난 파도를 환하게 비춰 주었다. 그리고 때때로 바다에 벼락이 떨어져 불기둥이 솟구치기도 하였다.

"쿵, 쿵쾅!"

구원의 손길을 찾는 포성은 여전히 울려 퍼졌다.

로빈슨은 그 난파선에 타고 있는, 겁에 질린 사람들을 상상해 보았다. 그러자 자신이 난파당했을 때의 일이 생생하게 머릿속에 되살아났다.

'어떻게 하면 저 사람들을 구해 낼 수 있을까? 선원들은 이 섬에서 피어오르는 불길을 보기만 하여도 용기를 얻을 것이다. 절망에 빠진 그들에게 한가닥 희망을 주기 위해서라도 불을 피워야 한다.'

로빈슨은 이렇게 생각하고 다시 천막으로 뛰어가 화약 주머니를 갖고 나와 고목 더미 위에 뿌렸다. 로빈슨에게는 매우 소중한 화약이었으나, 불행한 사람들의 목숨을 건지기 위하여 쓰는 것이므로 조금도 아깝지 않았다.

로빈슨이 화약에 불을 당기자, 굉장한 불꽃이 높이 솟아올랐다. 로빈슨은 불빛을 의지하여 주위의 잡목을 잘라 불에 던졌다. 불길이 워낙 강하여 생나무도 잘 탔다.

난파선의 선원들이 그 불길을 보았는지, 포성은 더 자주 울려 왔다. 그러나 그 난파선의 불꽃은 차츰 동쪽으로 흘러갔다.

'난파선은 저 죽음의 소용돌이에 휩쓸려 바다 깊숙이 가라앉지 않았으면, 급류에 밀려 먼 바다로 떠내려갔을 것이다.'

이런 생각이 드니 난파선의 선원들이 가엾어서 견딜 수가 없었다.

로빈슨은 어두운 바다 위를 스쳐 가는 번갯불을 바라보았다. 굵은 빗발이 로빈슨의 얼굴을 사정없이 때렸다.

로빈슨은 그 자리에서 무릎을 꿇고, 난파선의 가엾은 선원들을 위하여 하느님께 기도하였다.

"하느님, 지금 저 바다에서 폭풍과 싸우는 가엾은 선원들의 목숨을 건져 주옵소서!"

이튿날 새벽이 되자, 그렇게 미친 듯 거세던 폭풍은 차츰 기가 꺾이기 시작하고 천둥 소리도 뜸하였다.

이윽고 하늘을 온통 뒤덮고 있던 먹구름도 개고, 햇살이 남빛 바다 위를 부드럽게 비추기 시작하였다.

로빈슨은 망원경을 들고 멀리 동쪽 바다를 바라보았다. 여기저기 널려 있는 군도 근처에 난파선이 보였다.

'급류에 밀려 암초에 걸린 모양이구나. 그렇다면 배 안에는 선원이

살아 있을지도 모른다.'

로빈슨은 이렇게 생각하고, 해안을 끼고 섬 끝에 가서 높다란 언덕 위에 모닥불을 피웠다.

생나무가 타는 연기가 하늘 높이 뭉게뭉게 피어올랐으므로, 난파선에서도 잘 보였을 것이다. 로빈슨은 열심히 망원경을 들여다보고 있었다. 그러나 난파선에서는 포성은커녕 연기도 오르지 않았다.

선원들은 보트를 타고 난파선에서 피신하였을지도 모른다. 그러나 조류가 거세어 살아남은 사람이 있을지 의문이었다. 로빈슨은 불행한 사람들의 슬픈 운명을 생각하니 가슴이 미어지는 것 같았다.

'하긴 나도 그 많은 선원들 중에 혼자 목숨을 건지지 않았는가. 그러니 저 난파선의 선원들 중에도 나와 같은 사람이 있을지도 모른다.'

로빈슨은 이렇게 생각하고 언덕에서 내려와 바닷가를 여기저기 돌아보았다. 그 때 저쪽 바위틈에 희끄무레한 것이 보였다.

"앗, 사람이다!"

로빈슨은 급히 뛰어가 보았으나, 곧 우뚝 멈춰 섰다. 가엾게도 거기 쓰러져 있는 것은 열두 살쯤 되어 보이는 소년이었다. 소년은 선원들이 입는 조끼에 반바지를 걸치고 축 늘어져 있었다.

로빈슨은 얼른 달려들어 소년을 안아 일으켰다. 그러나 소년의 머리는 맥없이 로빈슨의 무릎 위에 떨어졌다. 소년의 창백한 이마에 곱슬곱슬한 젖은 머리카락이 착 붙어 있고, 눈을 감은 채 입술은 파리하게 변하여 있었다.

로빈슨은 소년의 조끼를 헤치고 가슴에 귀를 대었다. 숨소리는 들리지 않았다. 가엾은 소년의 영혼은 이미 떠났던 것이다. 소년의 얼굴을 지켜보는 로빈슨의 눈에서는 뜨거운 눈물이 흘렀다.

'아, 이 소년에게도 부모 형제가 있을 텐데…….'

로빈슨은 혹시나 해서 한 시간 동안이나 인공 호흡을 하였으나, 아무 소용이 없었다.

소년의 조끼 주머니에는 에스파냐 은화 두 닢이 들어 있었다. 난파선은 에스파냐 배였던 것이다.

로빈슨은 그밖에 생각해 볼 끄나불이라도 잡을 만한 것이 있을까 하여 다른 주머니를 뒤져보았다. 그러자 조그만 팽이가 굴러나왔다.

"오오!"

로빈슨은 부지중에 소리쳤다.

'이 얼마나 얄궂은 유물인가?'

소년은 파도가 잔잔할 때면 갑판 위에서 밝은 햇빛을 받으면서 팽이를 돌렸을 것이다. 로빈슨의 눈앞에는 귀여운 소년이 팽이를 돌리는 모습이 생생하게 떠올랐다. 그리고 그 소년의 주위에서는 선원들이 파이프를 뻑뻑 빨며 연기를 공중에 내뿜고 있었을 것이다.

로빈슨은 눈물을 머금고, 소년을 경치 좋은 언덕 위에 묻고 나무로 십자가를 만들어 세웠다. 그리고 꽃을 꺾어다가 무덤을 장식하였다. 잠시 후, 갈매기가 무덤 위에 커다란 원을 그리며 날아다녔다. 갈매기의 구슬픈 울음소리를 들으니 소년의 죽음이 더욱 애처롭게 생각되었다.

로빈슨은 근처의 해안을 샅샅이 찾아다녔다. 그러나 소년 이외의 사람은 보이지 않았다.

'한 사람이라도 살아서 이 섬에 표류해 온다면 얼마나 좋을까! 20년 이상이나 혼자 살아온 나에게 정다운 말동무가 될 텐데…….'

이렇게 생각하니 로빈슨은 사람이 더욱 그리웠다.

로빈슨은 난파선을 찾아가서 혹시 미처 피신하지 못한 선원이 기진맥진하여 쓰러져 있지나 않은지 살펴보려 하였다.

새로운 희망

다음 날, 바다는 폭풍이 완전히 가라앉았으므로, 로빈슨은 항해할 준비를 하였다. 우선 항아리에 마실 물을 넣고, 빵과 럼주와 건포도, 산양젖, 치즈, 그리고 가죽 우산 등을 동쪽 해안의 통나무배가 있는 곳까지 날랐다. 그리고 통나무배를 끄집어 내어 이 물건들을 실었다.

로빈슨은 배에 무릎을 꿇고 앉아, 무사히 항해할 수 있도록 하느님께 기도하고 돛을 올렸다. 배는 순풍을 타고 해안을 따라 섬 끝으로 향하였다. 거기서 동쪽으로 줄곧 배를 몰면 난파선이 있는 군도 근처에 이르게 된다.

그런데 그 때 썰물이 시작되면서 거센 조류가 나타났으므로, 그 날은 바위 뒤에 배를 대고 배 안에서 자기로 하였다.

이튿날 아침에 조류가 물러가는 것을 기다렸다가 배를 몰아 두 시간도 못 되어 난파선에 다다랐다. 그 곳에는 차마 눈뜨고 볼 수 없는 처참한 광경이 벌어져 있었다.

배는 에스파냐 범선이었는데, 두 개의 큰 바위 사이에 끼여 뒤쪽은 성난 파도에 산산이 부서지고, 돛대는 번개가 치는 바람에 부러져 나갔는지 두 동강이가 되어 갑판 위에 뒹굴고 있었다.

로빈슨은 신호탄을 몇 방 쏘았으나, 갑판 위로 나타나는 사람은 하나도 없었다.

'아, 역시 모두들 보트로 피신하다가 물에 빠져죽었구나. 가엾어라!'

그 때 갑판 한구석에서 "멍멍!" 하고 개 짖는 소리가 들려왔다.

개는 사람이 배에 오른 것을 보고 반갑다는 신호라도 보내는 듯이 짖어 대었다.

로빈슨이 손짓을 하여 불렀더니, 개는 물 속으로 첨벙 뛰어들어 꼬리를 흔들며 통나무배를 향하여 헤엄쳐 왔다. 그러나 몹시 지친 탓인지 자주 머리가 물 속에 잠기곤 하였다.

로빈슨이 개가 가까이 다가오는 것을 기다렸다가 목걸이를 잡아 통나무배에 올려놓았더니, 개는 크게 몸부림치며 온몸의 물을 털었다. 그리고 로빈슨에게 가까이 다가오더니 기쁘다는 듯이 끙끙거리며 코를 벌름거렸다.

'오, 배가 몹시 고픈 모양이구나!'

로빈슨이 빵 한 조각을 내밀었더니 개는 덥석 받아서 단숨에 삼켜 버리고 물을 들이켰다. 개는 굶주림과 목마름에 지쳐 있었던 모양이었다.

로빈슨은 통나무배를 난파선에 갖다 대고 갑판에 올라갔다.

첫눈에 뜨인 것은, 갑판의 요리실 근처에 두 사람의 선원이 서로 부둥켜안고 죽어 있는 처참한 모습이었다.

"안에 아무도 없나요?"

로빈슨은 고래고래 고함을 치면서 배 안을 이리저리 뛰어다녔으나, 아무 대답이 없었다.

'아, 살아 있는 것은 저 개 한 마리뿐인가?'

혹시나 해서 찾아온 일이 이 꼴이 되고 보니, 로빈슨은 크게 실망하여 갑판 위에 멍하니 서 있었다. 그러나 오후에는 썰물이 시작되므로 얼른 통나무배로 내려서려고 하다가,

'가만있자, 이 배 안의 물건들은 이대로 팽개쳐 두면 결국 먼 바다로 떠내려 가다가 폭풍우를 만나 물 속에 가라앉아 버릴 것이다.'

이런 생각이 들어 필요한 물건들을 실어가기로 하였다.

선창에는 포도주를 담은 큰 술통이 몇 개 있었으나 너무 무거워 움직일 수가 없었다. 그래서 들 수 있는 작은 술통 한 개만 통나무배에 옮겨 실었다.

선실에는 선원의 소지품이 들어 있는 듯한 상자가 여남은 개 있었다. 로빈슨은 그 중에서 탄환과 화약을 넣은 상자 두 개와, 그밖에 선원들의 소지품이 들어 있는 상자 한 개를 옮겼다.

요리실에서는 주전자 두 개와 구리 냄비, 그밖에 요리 도구를 꺼내어 실었다. 이 물건들은 로빈슨에게 가장 소중한 것들이었다. 로빈슨은 섬에 돌아와 이 물건들을 동굴로 옮겨놓고, 선원들의 소지품 상자를 열어 보았다. 그 안에는 여러 가지 소중한 물건들이 들어 있었다.

고급 포도주가 두 병, 설탕이 한 부대 들어 있었다. 그리고 셔츠와 손수건도 들어 있었다. 그래서 로빈슨은 앞으로 땀이 흐를 때 손수건을 쓸 수 있게 되었다. 그리고 은화 세 주머니와 종이에 싼 금화 여섯 개가 나왔다. 이것만이라도 상당한 보물이었다.

이 밖에 난파선에는 황금과 은이 많이 실려 있었을 테지만 지금의 로빈슨에게는 아무 쓸모도 없는 것이었다. 그것보다도 배에서 발견한 두 켤레의 구두가 로빈슨에게는 더욱 소중하였다. 로빈슨은 이 물건들을 늙은 산양이 있던 동굴에 옮겨 놓고, 개는 집 울타리 안에 매어 놓았다.

로빈슨은 충실한 개를 잃은 후로 쓸쓸한 마음을 달래 오던 차에, 대신 다른 개를 얻게 되어 무척 기뻤다. 개는 앵무새 폴과도 친해졌고, 목장을 지키는 일에도 익숙하게 되었다. 난파선은 어느 날 밤, 갑자기 몰아친 폭풍에 휩쓸려 어디론지 밀려가 다시는 볼 수 없게 되었다.

그러나 로빈슨은 이 앞바다에 에스파냐 배가 지나가는 것을 보니, 언제 다른 배가 지나갈지 모른다는 생각이 들었다. 그러자 로빈슨은 새로운 희망을 갖게 되었다.

이윽고 어느 날, 드디어 앞바다에 기다리던 배가 나타났다. 그러나 로빈슨은 그 배에 구조되기 전에 한두 차례 큰 모험을 해야만 하였다.

이상한 꿈

로빈슨은 혼자 이 외딴 섬에서 살다가 쓸쓸히 한 세상을 끝마치려고 하였으나, 구조선이 앞바다에 나타날지도 모른다는 생각을 하게 되자, 불현듯 고향이 그리워졌다.

로빈슨은 하염없이 앉아서 구조선이 나타나기만을 기다리고 있을 것이 아니라, 통나무배로 저 넓은 바다를 저어 나가 구조선을 찾아보려는 생각도 들었다. 그러나 그것은 너무나 큰 모험이었다.

'아, 이런 때 용감한 흑인 소년 줄리가 옆에 있다면…….'

로빈슨의 머리에는 줄리와 함께 작은 보트를 타고 아프리카의 해안을 저어 나가던 일이 아련히 떠올랐다.

'줄리는 지금 어디서 무엇을 하고 있을까? 친절한 선장 밑에서 훌륭한 선원이 되어 있겠지.'

이렇게 생각하니 로빈슨은 줄리를 한 번 만나 보고 싶었다.

그러던 어느 날 밤의 일이었다. 로빈슨은 잠자리에서 고향의 부모님과 줄리에 대하여 생각하면서 잠이 들었다.

로빈슨이 걸어가는 바닷가에 두 척의 통나무배가 닿더니, 10여 명의 야만인들이 상륙하고 있었다.

'앗!'

로빈슨은 깜짝 놀라 나무 그늘에 몸을 피하고 놈들을 지켜보았다. 놈들은 포로 한 명을 잡아먹으려는 중이었다. 로빈슨은 놈들에게 뛰어가 한꺼번에 처치하고 싶었으나, 안타깝게도 손에는 아무것도 쥐어져 있지 않았다. 이대로 놈들에게 발각되면 봉변을 당하게 될 것이 분명하였다.

그래서 로빈슨은 할 수 없이 놈들의 움직임을 지켜보고만 있는데 포로 하나가 갑자기 놈들의 손아귀를 뿌리치고 로빈슨 쪽으로 도망쳤다.

그러자 놈들은 일제히 고함을 지르면서 포로를 쫓아왔다. 포로는 번개같이 로빈슨의 앞을 지나 천막집 울타리 옆까지 왔다.

로빈슨은 놈들에게 들키게 되어 안절부절못하고 있는데, 주위를 돌아보니 놈들과 통나무배는 온데간데없었다. 로빈슨은 급히 포로를 뒤쫓아가서 싱긋 웃어 주었다. 포로는 무릎을 꿇고 애원을 하였다.

"나리, 살려 주십시오."

로빈슨은 포로를 사다리 쪽으로 안내하여 집 안으로 들어갔다. 그러자 포로는 두 팔을 걷고 열심히 집안 청소를 하기 시작하였다.

'이 사람이 누군데, 내 집에 와서 청소를 할까?'

로빈슨이 이상하게 생각을 하고 있는데,

"로빈슨, 로빈슨!"

하고 부르는 폴의 소리에 잠에서 깨었다.

'아, 줄리 생각을 했더니 야만인 포로가 내 머슴이 되어 일을 하는 꿈을 꾸었구나!'

로빈슨은 이렇게 생각을 하였다.

머슴 꿈을 꾸다니 분에 넘치는 일이었다. 그러나 이 섬을 혼자서 탈출한다는 것은 어려운 일이므로, 어떻게 해서든지 이 고장의 지리에 밝은 사람을 구하고 싶었다.

이 때 로빈슨에게 힘이 되어 줄 사람은 야만인의 포로밖에 없었다. 그런데 이 포로를 손에 넣으려면 야만인들을 모조리 죽여 버려야 하였다.

'이런 일을 혼자서 해낼 수 있을까?'

로빈슨은 고개를 갸웃거렸다. 로빈슨에게 그것은 아무래도 힘에 겨운 모험이었다.

그런 가운데, 로빈슨은 날이 갈수록 고향 생각이 심해져, 이제는 잠을 설치는 날이 한두 번이 아니었다.

드디어 로빈슨은 모험을 해서라도 야만인의 손에서 포로를 빼앗을 결심을 하였다. 호랑이 굴에 들어가지 않고는 호랑이 새끼를 얻을 수 없다는 생각에서였다.

로빈슨은 매일같이 틈만 나면, 야만인이 오는 서쪽 해안에 가서 놈들이 나타나기를 기다렸다. 그러나 야만인의 모습은 찾아볼 수 없었다.

이렇게 또 2년 반이 흘렀다.

야만인의 포로

어느 날 아침, 로빈슨은 일찍 집을 나와 작은 봉우리에 올라가 서쪽 바다를 바라보다가,

"앗!"

하고 외쳤다. 식인종 야만인들의 통나무배가 와 있었던 것이다.

로빈슨이 망원경으로 살펴보니 두 척의 통나무배가 바다 기슭에 닿아 있고, 모닥불이 흰 연기를 뿜어 올리면서 타고 있었다.

그 둘레에 모인 야만인은 약 서른 명쯤 되었다. 웅크리고 앉아 고기를 씹어먹는 놈이 있는가 하면, 단지에서 술을 퍼내 마시는 놈도 있었다. 그런가 하면 술에 얼근히 취하여 덩실덩실 춤을 추는 놈도 있었다.

'아, 놈들은 또 가엾은 포로를 잡는구나!'

로빈슨은 치가 떨렸다.

아침 햇살이 바다를 찬란히 비추고, 잔잔한 파도가 흰 모래사장을 부드럽게 만지고 있었다. 이처럼 아름답고 평화로운 바닷가에서 악마의

잔치가 벌어지고 있는 것이었다. 사람의 고기를 굽는 지독한 냄새가 로빈슨의 코에도 풍겨왔다.

'천벌을 받아 마땅한 놈들 같으니!'

로빈슨이 입술을 깨물고 있는데, 야만인 넷이 통나무배 옆에 웅크리고 있던 포로 둘을 모닥불 근처로 끌고 갔다.

두 포로는 얼굴이 새파랗게 질려 온몸을 와들와들 떨며 땅바닥에 발도 제대로 붙이지 못하고 있었다.

'저런……. 아, 어떻게 구출할 방법이 없을까?'

로빈슨은 몹시 애가 탔다.

그러나 총은 한 자루밖에 없었고, 상대는 서른 명이나 되는 포악한 야만인들이었다. 로빈슨이 이를 악물고 총대를 꽉 움켜쥐고 있는데, 야만인 한 명이 굵은 몽둥이를 높이 쳐들어 포로 하나를 힘껏 후려갈겼다. 그러자 포로는 그 자리에 푹 고꾸라졌다. 남은 또 한 사람의 포로는 기겁을 하고 허둥지둥하다가 제풀에 주저앉아 버렸다.

야만인들은 쓰러진 포로의 주위에 개미 떼처럼 모여들었다. 그들은 손에 단도를 번쩍이며 살점을 도려내었다. 물론 모닥불에 구워 먹기 위해서였다.

로빈슨은 망원경에서 얼른 눈을 떼었다. 온몸이 부르르 떨려 견딜 수가 없었다. 그러나 얼마 후에 무심코 다시 망원경에 눈을 갖다 대었다.

순간 로빈슨은 눈을 크게 뜨고 숨소리를 가다듬었다. 남아 있던 포로 하나가 갑자기 쏜살같이 도망치는 것이었다.

그러자 야만인 세 놈이 뭐라고 소리소리 지르면서 포로의 뒤를 쫓아갔다. 그러나 포로 쪽이 걸음이 빨라 훨씬 앞서가고 있었다.

"빨리 도망쳐라, 빨리!"

로빈슨은 손에 땀을 쥐고 수없이 부르짖었다.

포로는 '걸음아 날 살려라.' 하고 로빈슨의 집 쪽을 향하여 뛰었다.

'야, 이것 봐라! 꿈에서 본 것과 똑같군!'

로빈슨은 산에서 내려와 동굴 가까이 있는 밀림 속으로 앞질러 가서 기다렸다.

이윽고 포로는 밀림 속을 빠져 나와 강기슭에 이르자 강물 속으로 풍덩 뛰어들어 재빨리 헤엄치기 시작하였다. 뒤쫓아온 세 놈의 야만인 중에서 두 놈이 강물에 첨벙 뛰어들었다.

한 놈은 헤엄을 칠 줄 모르는 모양이었다. 놈은 강기슭에 우두커니 한참 서 있다가 되돌아갔다. 패거리들을 더 데리러 가는 모양이었다.

로빈슨은 포로가 강물 속에서 헤엄치며 뒤쫓아오는 두 놈에게 붙잡힐까 봐 가슴이 조마조마하였다.

포로는 어느 새 이쪽 강기슭에 올라와 로빈슨이 숨어 있는 숲 가까이 뛰어오는데, 두 놈의 야만인은 아직 강물 속에서 헤엄치고 있었다.

로빈슨은 지금이야말로 가엾은 포로를 구출할 때라고 생각하였다.

"이봐, 어딜 가?"

로빈슨은 큰 소리로 외쳤다.

포로는 뜻밖에 사람의 소리가 들리자 주춤하며 홱 돌아섰다. 그는 로빈슨의 괴상한 차림새를 보더니, 숲 속의 도깨비라도 나타난 것으로 알았던지 겁에 질린 눈으로 로빈슨을 바라보았다.

로빈슨은 웃는 얼굴로,

"겁낼 것 없어, 너를 도우려는 거야."

하고 손발로 시늉을 해 보였다.

포로는 로빈슨이 자기를 해칠 사람 같지 않다고 생각하였으나, 뒤쫓아오는 야만인이 겁나 급히 도망치려고 하였다.

로빈슨이 돌아보니, 야만인 한 놈이 숲 속에서 불쑥 뛰어나왔다. 그런데 그 놈도 뜻밖에 로빈슨을 보고 깜짝 놀라 얼른 멈추어 섰다.

로빈슨은 빈틈없는 방어 자세를 취하였다. 놈도 허리에 찬 날이 시퍼런 도끼를 틀어쥐고 로빈슨을 노려보면서 가까이 다가왔다. 두 눈알이 분노에 이글거리고, 꽉 다문 입술에서는 거품이 스며 나오고 있었다.

로빈슨은 총을 겨누고 방아쇠를 당기려고 하다가 그만두었다. 총소리가 놈들에게 들리면 바닷가에 있는 야만인들이 한꺼번에 몰려올 것이 분명하기 때문이었다.

그래서 로빈슨은 총을 거꾸로 쳐들고 우뚝 서서 놈을 노려보았다. 놈은 괴상한 소리를 지르면서 맹렬한 기세로 로빈슨에게 덤벼들었다. 시퍼런 도끼 날이 하늘에 번쩍 하자 로빈슨은 재빨리 몸을 피하였다.

놈은 그 바람에 앞으로 쓰러질 듯하더니 곧 자세를 가누면서 또다시 도끼를 휘둘렀다. 로빈슨은 몸을 옆으로 비키면서 총 개머리판으로 놈의 머리를 후려쳤다. 그러자 놈은,

"으악!"

하고 쓰러졌다. 그 바람에 도끼는 앞쪽으로 떨어졌다.

그 때였다. '휙' 소리가 나며 화살이 로빈슨의 귓전을 스치고 지나갔다. 뒤에 떨어져 쫓아오던 또 한 놈의 야만인이 나무 그늘에 숨어서 쏜 화살이었다.

그 화살에는 물론 독이 묻어 있을 것이다. 그러므로 피부에 가벼운 상처만 입어도 목숨이 위태로울 것이다. 로빈슨으로서는 총소리가 울리는 것을 염려할 때가 아니었다. 그는 얼른 총을 들어 야만인을 쏘았다.

로빈슨은 포로를 돌아보았다. 그는 지금까지 로빈슨의 거동을 지켜보고 있었던 모양이었다. 총소리에 잔뜩 겁을 집어먹고 땅바닥에 납작 엎드려 몸을 와들와들 떨고 있었다.

"일어나! 겁낼 것 없어."

로빈슨은 포로의 어깨에 손을 얹고 말하였다. 이 말을 포로가 알아들을 리 없었으나, 자기를 해칠 것 같지 않다고 생각했던지 몸을 일으켜 로빈슨의 얼굴과 총을 번갈아 바라보았다.

이윽고 포로는 허리를 굽혀 땅바닥에 입을 맞추고 나서, 로빈슨의 한쪽 팔을 들어서 자기 머리 위에 공손히 얹어 놓았다. 그것은 자기 목숨을 건져주어 고맙다는 표시와, 앞으로 부하가 되겠다는 맹세처럼 생각되었다. 그래서 로빈슨은 빙그레 웃으면서 포로를 일으켜 세우고, 안심하라는 시늉을 해 보였다.

포로는 눈물을 글썽이며 머리를 여러 번 조아렸다. 자세히 보니 아직 열여덟 살 정도밖에 되지 않은 야만인이었다. 어깨가 딱 벌어진 힘센 장사로, 키는 2미터쯤 되어 보였다. 얼굴은 구릿빛으로 반들거리고, 콧날은 야만인답지 않게 우뚝 솟아 있었다.

로빈슨은 지난밤의 꿈이 그대로 이루어진 것을 무척 기뻐하였다.

포로는 쉴새없이 로빈슨에게 중얼거렸다. 로빈슨은 한마디도 알아들을 수 없었으나, 마치 아름다운 음악처럼 들렸다. 그것은 27년 만에 처음 듣는 사람의 목소리였기 때문이었다.

그러나 여기서 우물쭈물하고 있을 때가 아니었다. 총소리를 들은 식인종 야만인들이 몰려오기 전에 동굴로 빨리 몸을 피해야만 하였다.

로빈슨은 포로와 함께 식인종 야만인의 시체를 재빠른 동작으로 묻었다. 시체를 그냥 두었다가 식인종들이 발견하면 더욱 포악해질 것이 분명하였기 때문이다.

시체를 묻고 나서, 로빈슨은 포로를 동굴로 데리고 가서 빵과 건포도를 주었다. 그는 얼른 받아 맛있게 먹으면서도 수없이 머리를 숙여 고맙다는 인사를 하였다.

로빈슨은 그가 몹시 피로해 보였으므로, 동굴 속에 밀짚을 깔고 그 위에 담요를 덮어 잠자리를 마련해 주었다. 그는 드러눕자마자 코를 드르렁드르렁 골았다.

로빈슨은 그가 잠들어 있는 동안에도 신경을 곤두세우고 바닷가의 동정을 살펴보았다. 식인종이 쳐들어오는 기미는 보이지 않았다.

놈들은 아마도 총소리에 놀라, 섬 깊숙한 곳에 벼락을 던지는 귀신이라도 있는 것으로 생각하고 얼씬하지 않는 모양이었다.

로빈슨은 잠든 포로의 얼굴을 한참 바라보다가,

"음, 멋진 부하를 얻었군!"

하고 중얼거렸다.

그는 야만인치고는 매우 늠름하게 잘생긴 젊은이였다. 머리카락은 길게 흘러내렸으나 가시덤불처럼 오글오글하지는 않았다. 이마는 넓은 편이고, 눈도 서글서글하고 입가에는 귀여움이 서려 있었다. 그리고 살색은 검지 않고, 짙은 다갈색을 띠고 있었다.

얼마 후에 로빈슨이 목장에서 산양젖을 짜고 있는데 포로가 잠에서 깨어나 성큼성큼 걸어오고 있었다.

그는 로빈슨의 옆에 와서 땅바닥에 엎드려 입을 맞추더니 또다시 로빈슨의 팔을 자기 머리 위에 얹어놓고 순종하겠다는 시늉을 해 보였다. 그러자 로빈슨도 그가 마음에 든다는 것을 손짓으로 표시하고 나서, 우선 젖 짜는 요령부터 가르쳐 주었다. 그는 로빈슨이 시키는 대로 곧잘 젖을 짰다. 그만큼 영리한 청년이었다.

로빈슨은 그를 믿음직스럽게 여겨 빨리 말을 가르쳐 주어야겠다고 생각하였다.

우선 그에게 프라이데이(금요일)라는 이름을 지어 주었다. 그를 식인종의 손아귀에서 구출한 날이 바로 금요일이었기 때문이다. 그리고 로빈슨을 '나리' 라고 부르라고 가르치고, '예' 와 '아니오' 라는 말도 가르쳐 주었다. 영리한 프라이데이는 몇 번 되풀이하지 않아서 이내 배웠다. 그러므로 가르치는 로빈슨은 신이 났다.

그런데 프라이데이는 언제나 바다 쪽을 가리키며 걱정스럽다는 듯이 머리를 흔들었다. 식인종들이 쳐들어올까 봐 걱정이 되는 모양이었다.

로빈슨은 그의 마음을 가라앉히기 위하여 바닷가로 데리고 갔다. 두 식인종을 파묻은 무덤에 이르자, 프라이데이는 갑자기 걸음을 멈추고,

"여기 먹을 것이 있습니다."

하고 손짓으로 말하면서 먹고 싶은 듯이 입맛을 다셨다.

로빈슨은 깜짝 놀랐다. 프라이데이 역시 식인종이었던 것이다. 로빈슨은 등골이 오싹하였다.

그도 야만인의 본성을 드러내어 로빈슨이 잠자는 틈을 타서 와락 덤벼들지 않으리라고 보장할 수 없었기 때문이다. 그래서 로빈슨은 한시도 마음을 놓을 수 없었다.

그러나 잘 가르치기만 하면 야만인의 본성도 고칠 수 있을 것이라고 생각하였다. 로빈슨은 프라이데이의 어깨를 꽉 누르고 성난 표정으로,

"사람의 고기를 먹겠다고 하면 이것으로 한 방 쏜다."

하고 총을 손으로 가리켜 보였다.

그러자 프라이데이는 얼굴빛이 싹 달라졌다. 그리고 앞으로는 사람의 고기를 절대로 안 먹겠다는 듯이 머리를 옆으로 흔들었다.

프라이데이는 바닷가에 야만인이 없는 것을 보고는 자못 마음이 놓였는지 싱글싱글하며, 놈들이 모닥불을 피우던 자리로 갔다. 그 근처에는 사람의 뼈다귀와 살과 피로 얼룩져 있었다.

로빈슨은 눈에 익은 광경이기는 하였으나 온몸의 털이 곤두서는 것 같았다. 그래서 프라이데이에게 그것들을 모조리 태워 버리라고 하였다. 로빈슨은 그 냄새가 몹시 역겨웠으나, 프라이데이는 먹고 싶어 견딜

수 없다는 표정이었다.

'이 녀석이 야만인의 근성만 버린다면 멋진 부하가 될 텐데…….'

로빈슨은 프라이데이를 잘 가르쳐 훌륭한 청년으로 키우고 싶었다.

로빈슨이 얼굴을 찌푸리며 프라이데이를 노려보자, 그는 곧 먹고 싶다는 표정을 지워 버렸다. 그리고 손짓과 발짓으로 여러 가지 많은 이야기를 하였다.

프라이데이의 말에 의하면, 그가 살고 있던 나라가 이웃 나라와 전쟁을 하여 크게 패하자 여러 사람이 포로로 붙들려 갔다고 하였다.

그들 포로는 몇 사람씩 한데 묶여 근처의 섬으로 끌려갔으며, 프라이데이는 다른 세 친구와 함께 이 해안에 끌려왔다고 하였다.

"나리는 저의 목숨을 살려 준 은인이십니다. 그러므로 어떤 명령에도 순종하겠습니다."

프라이데이는 배운 지 얼마 안 되는 '나리' 라는 말을 써 가면서 충성을 다짐하였다.

"프라이데이, 이제부터는 너도 옷을 입어야지."

로빈슨이 손짓으로 말하였더니, 프라이데이는 크게 기뻐하면서 로빈슨의 옷과 모자를 유심히 바라보았다.

로빈슨이 동굴에서 돌아와, 난파선에서 가져온 선원의 바지를 꺼내어 프라이데이에게 입혔더니 꼭 맞았다. 그리고 산양 가죽으로 만든 조끼도 만들어 주었다. 프라이데이는 새옷을 입자 어린아이처럼 좋아서 싱글벙글하였다.

그리고 개와 앵무새 폴 앞으로 가서,

"어때, 굉장히 멋있지?"

하고 두 팔을 잔뜩 벌려 보기도 하고, 바지를 툭툭 두드려 보기도 하고, 가슴을 쓰다듬어 보기도 하면서 자랑을 하였다.

뿐만 아니라, 묘한 가락의 노래를 부르며 덩실덩실 춤도 추었다. 정말 유쾌한 녀석이었다. 이런 명랑한 친구가 나타났기 때문에 갑자기 동굴에는 밝은 햇빛이 비쳐오는 것 같았다.

'그건 그렇고, 오늘 밤부터 이 친구를 어디서 재운담?'

로빈슨은 그것이 걱정이었다.

로빈슨은 동굴 한구석에 포근한 침대를 마련해 주었다. 프라이데이에게서 야만인의 근성이 남아 있는 이상 이렇게 멀리 떨어져 자야겠다고 생각하였다.

로빈슨은 그의 침실에 통나무를 가로질러, 밖에서는 문을 절대로 열 수 없게 하였다. 혹시 프라이데이가 밤중에 사람고기가 먹고 싶어 무슨 행패를 부릴지 알 수 없기 때문이었다.

그러나 로빈슨은 얼마 후에 이런 경계가 필요 없다는 것을 알게 되었다. 프라이데이는 비록 야만인이기는 하지만, 자기 목숨을 건져 준 은인을 위하여 성심껏 봉사를 하는 의리가 있는 토인이었다.

뿐만 아니라, 로빈슨을 위해서라면 자기 목숨을 내던져도 좋다고 생각하고 있는 것 같았다. 야만인의 마음은 단순하여 겉과 속이 다르지 않으며, 절대로 배신하지 않을 것 같았다.

'아, 저런 사람을 내가 경계하다니 부끄러운 일이다!'

로빈슨은 생각하였다.

'프라이데이는 이제부터 내 부하가 아니라 좋은 친구다. 하느님께서 보내주신 것이다.'

로빈슨은 프라이데이와 함께 보내는 하루하루가 무척 즐거웠다.

'야만인이 쳐들어올 염려만 없다면 앞으로 이 섬에서 둘이 언제까지 살아도 괜찮겠다.'

이런 생각도 들었다.

로빈슨이 이 외딴 섬에 상륙한 후로 어느 새 27년이라는 세월이 흘렀다. 그 동안 로빈슨은 얼마나 인간을 그리워하였는지 모른다. 그는 인간의 정에 무척 굶주려 있었는데, 그러한 로빈슨의 외로움을 덜어 준 것이프라이데이였다.

로빈슨은 프라이데이에게 말을 가르치는 것이 유일한 즐거움이었다. 영리한 프라이데이는 로빈슨이 날마다 조금씩 가르쳐 주는 영어를 그대로 다 익혔다.

로빈슨은 지금까지 27년 동안이나 혼자 살면서 거의 말을 해 본 적이 없기 때문에, 프라이데이에게 말을 가르쳐 줄 때, 처음에는 혀가 제대로 돌아가지 않았다. 그러나 하루이틀이 지나는 동안에 차츰 익숙해졌다.

프라이데이도 날로 실력이 늘어 2, 3개월 후에는 간단한 대화를 서로 나눌 수 있게 되었다.

그 때의 로빈슨의 기쁨은 말로 표현할 수 없었다. 프라이데이의 이상한 발음도 로빈슨의 귀에는 무척 부드럽고 아름답게 들렸다.

서로 말이 통하게 되자 프라이데이의 성질은 나날이 순해졌다. 그러는 동안 마침내 프라이데이는 문명국의 어느 곳에 내놓아도 부끄럽지 않을 정도의 사람이 되었다.

즐거운 나날

로빈슨은 프라이데이의 몸에 밴 야만인의 근성을 뿌리째 뽑으려면 무엇보다도 식성을 완전히 바꾸어야 한다고 생각하였다.

즉, 프라이데이에게 사람의 고기를 먹고 싶다는 생각을 몰아 낼 필요가 있었다. 그러기 위해서는 다른 고기맛을 들이도록 하는 것이 가장 중요한 일이었다.

그래서 로빈슨은 프라이데이를 데리고 숲 속 목장으로 갔다.

'프라이데이에게 새끼산양을 한 마리 잡아서 맛있게 요리를 해서 가끔 먹여 주자. 그러면 사람 고기 따위는 자연히 싫어질 거야.'

두 사람이 목장에서 나왔을 때, 나무 그늘에 커다란 어미산양이 누워 있고 그 곁에서 두 마리의 새끼산양이 풀을 뜯고 있었다. 로빈슨은 프라이데이에게 꼼짝 말고 있으라고 당부하고 나서, 총 한 방에 새끼산양을 쓰러뜨렸다.

돌아보니, 프라이데이는 총소리에 기겁을 하여 몸을 와들와들 떨고 있었다. 그러더니 새끼산양이 총에 맞은 줄 모르고, 자기가 맞지 않았나 해서 가슴을 헤치고 상처를 살펴보았다. 그는 아무 데도 상처가 없다는 것을 눈으로 똑똑히 보고서도, 역시 자기는 총에 맞아 죽게 될 것이라고 생각하였는지, 로빈슨의 발 아래 납작 엎드려,

"나리, 제발 저를 살려 주십시오. 저를 죽이지 마십시오."

하고 애원을 하였다.

로빈슨은 프라이데이의 손을 붙잡아 일으키고, 웃는 얼굴로 말하였다.

"프라이데이, 저 새끼산양을 좀 봐. 한 방에 쓰러졌어. 어서 가서 저 놈을 이리 끌어와."

그러자 프라이데이는 얼른 뛰어가 새끼산양을 메고 로빈슨 앞으로 가져오면서도 계속 고개를 갸웃거렸다. 그는 그 때까지도 무슨 조화로 새끼산양이 죽었는지 잘 이해가 되지 않는 모양이었다.

로빈슨이 새끼산양의 상처를 가리키면서 설명해 주었다.

"여기에 총알이 맞았기 때문이야."

그래도 프라이데이는 납득이 가지 않는 것 같았다.

로빈슨은 숲 속 나무 위에 앉아 있는 앵무새를 가리키면서,

"저 놈을 쏘아 떨어뜨릴 테니까 잘 봐 둬."
하고 총을 겨누었다.

그러자 프라이데이는 금세 얼굴빛이 변하면서, 두 손으로 귀를 막고 눈을 감으며 그 자리에 엎드렸다.

이윽고 탕 하고 소리가 울리자 프라이데이는 비명을 지르면서 깡충 뛰어올랐다. 그리고 앵무새가 땅에 떨어진 것을 보더니 무척 신기하다는 표정을 지었다.

프라이데이는 총이란 멀리 떨어진 곳에서도 사람이건 짐승이건 새건 마음대로 죽일 수 있는, 무슨 악마와도 같은 힘을 가진 물건이라고 생각하는 것 같았다. 프라이데이는 로빈슨을 '나리' 라고 부르며 하느님처럼 공경하는 표정이었다.

그 후 얼마 동안은, 로빈슨이 프라이데이에게 총을 가져오라고 하여도 프라이데이는 총 근처에 가지도 않았다.

그날 밤, 로빈슨이 산양 고기를 요리하고 있는데 뒤에서 프라이데이가 혼자서 뭐라고 중얼거리는 소리가 들렸다. 뒤를 돌아보니, 프라이데이는 총 앞에 꿇어앉아 두 손을 모아 쥐고 싹싹 빌면서 뭐라고 지껄이기도 하고 절을 하기도 하였다.

'대체 저 녀석이 무슨 짓을 하고 있는 걸까?'

로빈슨은 이상하기도 하고 우습기도 하였다. 나중에,

"프라이데이, 너 총 앞에서 뭐라고 말했니?"
하고 물어 보았더니,

"나리, 그 무서운 불과 천둥 속에 숨어 있는 귀신에게, 나를 죽이지 말라고 부탁해 두었어요,"
하고 대답하였다.

그러나 프라이데이는 로빈슨에게서 곧 총 쏘는 방법을 배웠다. 그래서 나중에는 로빈슨보다 총을 더 잘 쏘게 되었다.

로빈슨이 산양 고기로 수프를 만들어 조금 맛본 후에 프라이데이에게 주면, 그는 입맛을 다셔가면서 후딱 먹어치웠다.

그런데 프라이데이는 음식에 소금을 쳐서 먹지 않았다. 로빈슨이 고깃국에 소금을 넣으면 프라이데이는 묘한 표정으로 미간을 찌푸렸다.

그러나 곧 자기도 로빈슨의 식성을 따라가려고 생각하였는지, 소금을 친 고기를 입에 넣어 한참 우물우물 씹어 보기도 하였으나, 곧 뱉어 버리고 물로 입가심을 하였다.

나중에 로빈슨이 하도 권하니까 마지못하여 고기에 소금을 약간씩 넣어 먹었다. 그러나 여전히 달갑지 않은 표정을 지었다. 로빈슨은 프라이데이의 식성을 이해할 수 없었다. 그러나 나중에서야 그 이유를 알 수 있게 되었다.

문명인은 음식에 소금이나 설탕, 후추 등 여러 가지 조미료를 쳐서 먹기 때문에 혓바닥의 감각이 둔해졌으나, 야만인은 항상 고기나 야채를 날것으로 먹기 때문에 혓바닥의 감각이 예민해서 그렇다는 사실을 깨달았다.

이튿날에는 밀가루로 빵을 만드는 방법을 가르쳐 주었다. 그러자 프라이데이는 이것도 금방 배웠다.

프라이데이는 맛있는 빵을 밀로 만든다는 사실을 알게 되자, 더욱 열심히 밀 타작을 하였다. 그밖에 아무리 어려운 일이라도 꾀를 부리지 않고 발벗고 나서서 척척 해내었다. 프라이데이의 이런 성격은 로빈슨에게 큰 도움이 되었다.

희망을 안고

두 사람이 힘을 합쳐 즐거운 나날을 보낸 지도 어느덧 1년이 되었다. 로빈슨에게는 이 외딴 섬에 살게 된 후로 가장 즐거운 1년이었다.

프라이데이는 말이 상당히 익숙해졌다. 그들은 밭에서 하루 종일 일하고 집에 돌아오면, 촛불을 켜놓고 밤이 깊도록 이야기꽃을 피웠다.

"고향에 가고 싶지 않니?"

"가고 싶어요."

"왜, 이 섬에서 나하고 같이 지내는 것이 싫으니?"

"그렇지는 않지만 사람들을 만날 수 없어서 심심해요."

"고향에 보내줄까?"

"저 혼자요?"

"아니야, 나도 함께 갈 거야."

"정말이에요?"

"그럼, 내가 너의 고향에 가면 잡아 죽이지는 않겠지?"

"그게 무슨 말이에요?"

프라이데이는 펄쩍 뛰었다.

"나리는 제 은인이신데, 사람들은 나리를 하느님처럼 모실 거예요."

"그래?"

"그럼요. 만일 나리께서 저의 고향에 가신다면, 추장한테 안내하여 정중히 모시도록 하겠어요. 저의 아버지는 부추장이에요."

"그럼 곧 떠나도록 하자."

"그런데 통나무배로 갈 수 있을까요?"

"통나무배로는 어림도 없어."

"그럼 어떻게 가요?"

"백인의 큰 배가 오면 그것을 타고 가야 해."

"백인이라니요? 살결이 흰 사람 말이에요?"

"그래."

"나도 살결이 흰 사람을 본 적이 있어요. 제가 살던 섬에 조그마한 배를 타고 왔었어요."

"뭐야? 그게 언제야?"

로빈슨은 프라이데이 옆에 바짝 다가앉았다.

"그러니까 4년 전의 일이에요. 그 때 백인들은 열일곱 명이나 섬에 왔어요. 아마 지금도 살아 있을 거예요."

로빈슨은 이 놀라운 소식에 가슴이 뛰었다. 그는 프라이데이의 고향에 가면 백인을 만나게 될지도 모른다는 기대에 가슴이 두근거렸다.

로빈슨은 그 백인들이 어느 나라 사람일까, 매우 궁금하였다. 그들을 만나게 되면 본국으로 돌아가는 길이 열릴지도 모른다는 생각이 들었기 때문이다.

"그 열일곱 명의 백인은 너희 나라에서 잡아먹히지 않고 용케 살아남았구나!"

"저희는 전쟁터에서 사로잡힌 포로가 아니면 잡아먹지 않아요. 그래서 그 백인들에게 친절히 대해 주었어요. 지금쯤 이미 우리 형제가 되어 있을 거예요."

"그래? 그렇다면 내가 가도 정말 괜찮겠구나."

로빈슨은 새로운 희망을 갖게 되었다. 그래서 프라이데이의 고향에 가고 싶은 생각이 간절하였다.

"너희 나라 근처에 혹시 백인이 사는 나라가 없느냐?"

"있어요. 그렇지만 저는 가 본 적이 없어요. 그 나라는 달이 지는 쪽에 있다고 해요."

프라이데이의 이 말은, 백인의 나라가 있다는 뜻이었다. 오리코노 강에서 서쪽으로 배를 저어 가면 백인의 식민지가 있다는 말이었다. 그것은 분명히 에스파냐의 식민지일 것이다. 로빈슨은 희망에 부풀었다.

"그 백인의 나라에 작은 배로 갈 수는 없느냐?"

"문제없어요. 파도가 심해도 배 두 척만 가지면 돼요."

"배가 두 척이나 필요하다고?"

로빈슨은 어이가 없다는 듯이 물었다. 그러나 프라이데이의 말은 두 척의 통나무배를 합친 정도의 큰 배라면 안심할 수 있다는 뜻이었다.

로빈슨이 말하였다.

"좋아, 그렇다면 통나무배를 만들도록 하자."

그러자 프라이데이는 잠시 생각에 잠기더니,

"나리와 제가 통나무배를 만들어요?"

하고 물었다.

"그래."

"아유……."

"안 될 것 없어. 내가 혼자서 만든 적도 있어."

프라이데이는 도무지 믿을 수 없다는 얼굴을 하였다. 그래서 로빈슨은 자기가 만든 통나무배를 프라이데이에게 직접 보여 주기 위하여 동쪽 해안으로 데리고 갔다. 배를 보자 프라이데이는,

"아니, 이 배를 나리가 혼자 만드셨어요?"

하고 감탄하였다.

그는 배를 냉큼 타더니 익숙한 솜씨로 저어 나가 로빈슨보다 갑절의 속력을 내었다. 로빈슨은 무척 기뻤다. 그러나 프라이데이는 배가 너무 작다고 머리를 옆으로 흔들었다.

그 다음 날, 로빈슨은 전에 만든 커다란 통나무배가 있는 곳으로 프

라이데이를 데리고 갔다.

그러나 10년 이상을 쓰지 않고 그냥 두었더니, 배는 이제 아주 못쓰게 되어 있었다. 그런데 프라이데이는 그 배를 보더니,

"이 정도라면 괜찮겠군요."

하고 말하였다.

"그래? 그럼 곧 배를 새로 하나 만들도록 하자."

로빈슨의 목소리는 희망에 가득 차 있었다. 프라이데이도 기뻐하였다. 섬에는 나무가 얼마든지 있었다. 그러나 전에 한 번 실패하였기 때문에, 이번에는 배를 쉽게 물에 띄울 수 있도록 바닷가에서 큰 나무를 찾아 내기로 하였다.

두 사람은 며칠 동안 바닷가를 돌아다니다가, 마침내 프라이데이가 적당한 나무 한 그루를 발견하였다. 그들은 도끼를 높이 쳐들어 나무를 찍기 시작하였다. 산을 쩡쩡 울리는 도끼 소리는 로빈슨을 더욱 희망에 부풀게 하였다.

로빈슨은 하루속히 배를 만들어 백인이 사는 땅으로 가려 하였다. 프라이데이도 같은 심정이었다. 하루빨리 고향에 가고 싶어하는 마음이 도끼질을 하는 그의 억센 팔뚝에도 잘 드러나고 있었다.

두 사람은 며칠 후, 그 커다란 나무를 마침내 쓰러뜨렸다. 이제 나무를 적당한 길이로 잘라서 말려야 하였다.

그러던 어느 날 아침이었다. 두 사람은 과일을 따러 나갔다가, 혹시 서쪽 해안에 식인종이 오지 않나 살피기 위하여 산꼭대기로 올라갔다.

그 날은 맑게 개어 하늘에 구름 한 점 없었다. 그래서 바다 저편에 산 그림자가 아련히 드리워져 있었다. 옆에서 프라이데이가 큰 소리로 말하였다.

"나리, 저게 바로 내가 살던 나라예요!"

"뭐, 저기가……?"

로빈슨은 뜻밖의 말에 놀라 어리둥절하며 망원경으로 프라이데이가 가리키는 쪽을 유심히 바라보았다.

"아, 저기가 바로 아버지의 나라예요!"

프라이데이는 눈물을 글썽이며 말하였다.

아버지의 나라, 그리운 고향, 마음 같아서는 당장이라도 날아가고 싶었다. 프라이데이의 말에 의하면, 자기는 외아들이며 어머니는 일찍 세상을 떠나 아버지와 단둘이서 살았다고 한다.

그날 밤, 프라이데이는 흥분하여 좀처럼 잠을 이루지 못하였다. 그 후 한동안 프라이데이는 일이 손에 잡히지 않는 것 같았다. 그는 억지로 끌질을 하고 있었다. 그리고 어느 새 얼굴에서 웃음도 사라지고, 심지어 입맛도 잃어 가는 것 같았다.

'아, 저렇게 고향을 그리워하니 그냥 두면 병이라도 나겠다. 프라이데이만이라도 곧 집으로 돌려보내야겠다.'

통나무배가 다 완성되려면 앞으로 몇 달 걸릴 것이다.

전에 만든 작은 배에 둘이 탈 수 없으니 로빈슨은 섬에 남고, 프라이데이를 보내기로 하였다. 프라이데이와 헤어지기는 싫었지만, 그를 위하는 일이라면 참을 수밖에 없었다.

"프라이데이, 고향에 하루라도 빨리 가고 싶지?"

프라이데이는 끌로 통나무배를 파다 말고,

"예."

하고 목구멍으로 침을 꿀꺽 삼켰다.

"그러면 내 통나무배를 타고 돌아가거라!"

"예? 저 혼자서요?"

프라이데이는 펄쩍 뛰었다.

“네가 고향에 먼저 갔다가, 나중에 나를 데리러 오렴.”

“나리, 안 됩니다!”

프라이데이의 얼굴빛이 변하더니, 갑자기 울먹이면서 말을 이었다.

“저 혼자서는 돌아가지 않겠어요.”

“그렇지만 저 통나무배에는 둘은 못 타.”

“그럼 저는 안 가겠어요.”

“아니야, 그럴 것 없어.”

“나리!”

프라이데이는 원망하는 듯이 로빈슨을 바라보더니, 옆에 놓인 도끼를 집어들고 로빈슨에게 다가와서 말하였다.

“이것으로 차라리 제 목을 쳐주십시오.”

“뭐라고?”

"저는 나리 덕에 목숨을 건졌어요. 그런 나리를 이 섬에 남겨 두고 혼자서 갈 바에는 차라리 죽는 편이 나아요."

프라이데이의 눈에서는 뜨거운 눈물이 흘러내렸다. 로빈슨은 순박한 야만인의 갸륵한 마음씨에 크게 감동되어,

"프라이데이!"

하고 손을 덥석 잡았다.

"그렇게까지 나를……."

"나리, 저는 이 섬에 그냥 있겠어요."

로빈슨은 프라이데이의 어깨에 손을 얹고,

"알겠다. 그러면 하루빨리 배를 만들어 둘이서 함께 너의 고향으로 가도록 하자."

하고 말하였다.

출범 준비

다음 날부터 프라이데이는 기운을 되찾아 열심히 일을 하였다.

통나무배는 한 달 만에 완성되었다. 그런데 땅바닥에 통나무를 늘어놓고, 그 위로 배를 굴려 바다에 띄우기까지 반 달이나 걸렸다.

"자, 이만하면 스무 명은 태울 수 있을 게다."

통나무배치고는 꽤 큰 편이었다. 프라이데이는 혼자서 두 개의 노를 저어 배를 마음대로 조종하였다.

"나리, 이거면 파도가 아무리 심해도 문제가 없겠어요."

프라이데이는 배를 당장 바다로 몰 기세였다. 그러나 로빈슨은 노만 저을 것이 아니라, 돛도 사용할 생각이었다. 그래서 프라이데이에게 곧은 삼나무로 돛대를 만들게 하였다. 로빈슨은 동굴 속에서 낡은 돛조각

을 뒤져 내었으나, 30년 가까이 내버려 두었으므로 거의 쓸모가 없었다. 그래도 그것을 알맞게 꿰매어, 그럭저럭 삼각돛 모양을 만들었다. 그리고 키와 돛과 닻줄도 달았다.

프라이데이는 노를 젓는 일에는 솜씨가 뛰어났으나 돛을 달고 키를 사용할 줄은 몰랐다. 그러나 로빈슨이 가르쳐 주었더니 곧 익숙해졌다.

로빈슨은 하루빨리 떠나고 싶었으나, 8월 중순경이라 장마철에 접어들었으므로 11월의 건조기를 기다리기로 하였다.

로빈슨이 이 섬에서 혼자 살아온 지도 어느덧 28년이라는 세월이 흘렀다. 그 동안 섬 구석구석에 로빈슨의 발길이 닿지 않은 데가 없었다. 그래서 로빈슨은 막상 이 섬을 떠날 생각을 하니, 섭섭한 마음을 금할 수 없었다.

배는 바닷가에 잘 감추어 두었다. 드디어 장마철도 다 지나가고 건조기에 들어섰다. 푸른 하늘에 태양이 눈부시고, 수평선은 환히 일직선을 드러내었다.

"프라이데이, 이제 고향에 돌아갈 날이 다가왔다."

프라이데이의 눈동자가 유난히 빛났다. 로빈슨은 28년 동안 손때 묻은 모든 가재도구를 다 가져가고 싶었으나, 목장의 산양들을 배에 싣고 갈 수는 없었다.

'산양들은 버리고 갈 수밖에 없다. 목장에서 해방되면 다시 숲 속에서 자유를 누리게 되겠지. 앵무새 폴과 개는 데리고 가야겠다.'

로빈슨은 이렇게 생각하고 자질구레한 가재도구들을 배에 싣고, 항해하는 동안의 식량과 음료수도 실었다.

"프라이데이, 너는 개펄에 가서 거북을 잡아와라."

프라이데이는 바닷가로 뛰어갔다. 그런데 약 한 시간쯤 지나 숨을 헐떡이며 뛰어와서 몸을 부들부들 떨었다.

"나…… 나리……. 왔어요!"

"오다니, 뭐가 왔단 말이냐?"

"배, 통나무배가……."

로빈슨은 프라이데이의 모습을 보고, 심상치 않은 일이 생겼다는 것을 금방 짐작하였다.

"몇 척이냐?"

"세 척이에요."

"야만인이냐?"

프라이데이는 대답 대신 고개를 끄덕였다. 흉악한 야만인이 세 척의 통나무배를 타고 이 섬에 또다시 나타난 것이었다. 프라이데이는 적국의 야만인이 자기를 잡으러 온 줄만 알고, 몸을 와들와들 떨고 있었다.

"저는 붙들리면 죽습니다!"

"프라이데이, 걱정할 것 없다. 우리에게는 총이 있어."

로빈슨은 총을 프라이데이의 눈앞에 내밀었다.

"우리는 이 총으로 끝까지 싸워야 해. 둘이서 힘을 합쳐 싸우면 놈들쯤은 문제가 없어."

"나리, 저도 목숨을 걸고 싸우겠어요."

"암, 그래야지."

로빈슨은 이렇게 말하면서도 놈들이 프라이데이를 잡으러 왔다면 끝까지 싸우겠지만, 그렇지 않고 곧 이 섬을 떠난다면 굳이 그들과 싸워야 할 필요는 없다고 생각하였다.

로빈슨은 총을 들고 프라이데이와 함께 뒷산으로 올라가 망원경으로 놈들의 동태를 살폈다.

바닷가에 세 척의 통나무배가 닿아 있고, 그 근처의 모래사장에 많은 야만인들이 빙 둘러선 것이 보였다. 세어 보니 스무 명쯤 되었으며, 손에는 저마다 창을 쥐고 있었다.

"프라이데이, 저 놈들이 너를 잡으러 온 건지, 아니면 다른 일로 온 건지 아직은 분명히 알 수 없다. 그것이 밝혀질 때까지 이쪽에서 먼저 총을 쏘아서는 안 돼. 알겠지?"

"예."

두 사람은 야만인의 거동을 좀더 자세히 살피기 위하여 바닷가를 향하여 걸어가기 시작하였다. 그들은 나무 그늘이나 덤불 속에 몸을 숨기면서 야만인에게 발각되지 않도록 조심하였다.

"프라이데이, 내 옆에서 떠나지 말아. 그리고 내가 명령을 내릴 때까지는 잠자코 있어. 알겠지?"

"예, 알겠습니다."

두 사람은 야만인들이 있는 바닷가의 가까운 숲 끝에 이르렀다.

"프라이데이, 저쪽 큰 나무 위에 올라가 적의 동태를 살펴봐."

곧 프라이데이가 허둥지둥 돌아와서 말하였다.

"나리, 놈들이 포로 하나를 잡아먹으려고 해요."

"음, 그럼 너를 잡으러 온 게 아니로구나."

"그런데 그 포로가 백인이에요."

"뭐, 백인이라고?"

그 순간 로빈슨은 심장이 멎는 것 같은 충격을 받았다.

모래 위의 혈투

로빈슨이 직접 나무에 올라가 망원경으로 살펴보았더니, 과연 한 사람이 모랫바닥에 손발이 묶인 채 뒹굴고 있었다. 흰 삼베 옷을 입고 신발도 신고 있었으므로 백인이라는 것을 알 수 있었다.

야만인들이 모닥불을 피우고 둘러앉아 있는 것으로 보아, 포로 하나를 죽여서 고기를 뜯어먹는 중인 듯하였다.

"음, 짐승 같은 놈들!"

'아, 어쩌다가 식인종에게 붙잡혔을까? 놈들에게 무참히 죽음을 당하다니! 그 백인은 지금 눈물로 뜨거운 모래를 적시고 있을 것이다.'

로빈슨의 가슴은 분노에 터질 것 같았다.

'어떻게 해서든지 저 백인을 구출해야 한다.'

로빈슨은 곧 나무에서 내려와, 프라이데이에게 물어 보았다.

"저 놈들은 너희 나라 사람들이 아니지?"

"아닙니다. 우리 나라 사람들은 머리에 검은 깃털을 꽂고 있는데, 저 놈들은 흰 깃털을 꽂고 있습니다."

"그래? 좋다, 그럼 싸워야겠다."

프라이데이는 지그시 입술을 깨물더니 총을 향해 두 손을 모았다. 벼락의 미신에게 기도를 하는 것이었다.

주위를 살펴보니 저쪽에 큰 나무 한 그루가 서 있고, 그 끝에 가시덤불이 무성하게 자라고 있었다. 그 속에서는 바닷가를 한눈에 바라볼 수 있을뿐더러, 총도 놈들의 정면에 겨눌 수 있었다. 두 사람은 몰래 기어서 그 덤불 속으로 들어가 놈들의 움직임을 자세히 살펴보았다. 놈들은 벌써 처음 포로의 고기를 다 뜯어먹고 술을 들이켜는 참이었다.

이윽고 그 중에 두 놈이 자리에서 일어나더니, 백인에게 가서 손발을 묶은 밧줄을 풀기 시작하였다.

로빈슨은 바로 이 때다 싶어 뛰는 가슴을 진정시키며,

"프라이데이, 내가 쏘라고 하면 방아쇠를 당겨야 해."

하고 일렀다. 로빈슨과 프라이데이는 두 자루의 총을 가까이 끌어다 놓고 적을 향하여 정확히 겨누었다.

"쏘아라!"

"쾅!"

총은 불을 뿜었다. 그러자 야만인들은 일제히 휘청거리며 앞으로 고꾸라졌다. 세 놈은 즉사하고, 세 놈은 중상을 입은 것 같았다. 그리고 나머지 놈들은 마치 벌집을 터뜨려 놓은 꼴이었다.

요란한 총소리와 함께 일어난 연기! 놈들은 그것을 미신의 습격이라고 생각하였을지도 모른다. 통나무배로 허둥지둥 도망치는 놈도 있고, 모래를 끼얹는 놈도 있었다.

로빈슨과 프라이데이는 연달아 총을 쏘았다. 또 세 놈이 쓰러지고, 몇 놈은 상처를 움켜쥔 채 크게 신음을 하였다.

"돌격이다!"

로빈슨은 적을 향하여 쏜살같이 달려갔다. 그 뒤로 프라이데이가 고함을 지르면서 쫓아갔다. 그러자 겁을 집어먹은 야만인들은 천지 사방으로 허둥지둥 도망쳐 버렸다. 그 중에서도 야무진 야만인 다섯 놈은 통나무배를 잡아타고 죽을 둥 살 둥 노를 저어갔다.

로빈슨과 프라이데이는 모래 위에 엎드려 총을 쏘았다. 통나무배에 올라탄 다섯 놈은 일제히 뱃바닥에 쓰러졌다. 로빈슨은 백인 곁으로 달려가, 칼로 결박한 밧줄을 끊고 안아 일으키려고 하였다. 그러자 백인은 지칠 대로 지쳐서 몸을 제대로 가누지도 못하였다.

로빈슨이 갖고 온 럼주를 백인의 입 안에 몇 방울 떨어뜨렸다. 그러자 백인은 약간 정신을 차렸다.

"당신은 어느 나라 사람이오?"

로빈슨은 포르투갈 말로 물었다.

"에스파냐!"

백인은 이렇게 대답하였으나 로빈슨의 괴상한 차림새를 보고 놀란 듯이 눈을 크게 떴다.

로빈슨은 서툰 에스파냐 말로,

"이제 마음을 놓으시오. 당신은 구출되었소. 그러나 아직도 남은 적과 싸워야 하오. 당신도 힘이 있으면 우리와 함께 싸워 주오."

하고 권총과 칼을 내주었더니, 백인은 벌떡 일어났다. 그의 뺨에는 핏기가 불그스름하게 돌았다.

그 때 살아남은 야만인 몇 놈이 칼을 휘두르면서 사나운 이리 떼처럼 덤벼들기 시작하였다. 그러자 백인은,

"이 놈들!"

하고 외치더니 적과 맞붙어, 순식간에 두 놈을 찔러 죽였다. 가슴이 후련할 정도의 멋진 솜씨였다.

로빈슨은 소총 하나밖에 갖고 있지 않았으므로, 프라이데이에게 나무 밑에 있는 총을 가져오라고 일렀다. 프라이데이가 총을 가져오자 로빈슨은 재빨리 총알을 재었다.

그 때였다. 백인과 야만인의 고함 소리가 동시에 들려왔다. 돌아보니, 백인은 야만인들과 불꽃 튀는 혈투를 벌이고 있었다. 마침내 야만인은 백인을 깔고 앉아 칼로 찌르려 하고 있었다.

"앗, 위험하다!"

로빈슨은 총으로 야만인을 쏘려고 하였다. 그러나 그 전에 탕 하는 소리가 울리며 야만인이 그 자리에 쓰러졌다. 백인이 밑에 깔린 채 권총으로 야만인을 쏜 것이었다.

백인은 벌떡 일어나 저쪽으로 도망치는 두 놈의 야만인을 향하여 권총을 쏘았으나 맞지 않았다. 그러자 프라이데이가 뒤쫓아가서 한 놈을 쏘아 죽였다. 그러자 한 놈은 통나무배를 타고 도망쳤다.

아, 아버지!

이 싸움에서 살아남은 야만인은 겨우 세 명뿐이었다. 놈들은 저마다 통나무배를 잡아타고 파도를 가르면서 달아났다.

로빈슨과 프라이데이는 놈들을 향하여 총을 쏘았으나 배가 흔들려 맞지 않았다.

"나리, 저 놈들을 쫓아가서 잡아야 해요."

프라이데이가 외쳤다.

"그래야겠다."

놈들을 살려 보내면, 몇십 척의 배를 몰고 복수하러 올 것이었다. 로빈슨은 놈들의 통나무배 한 척에 올라탔다. 그런데 그 배 밑바닥에는 손발이 꽁꽁 묶인 늙은 야만인 하나가 쓰러져 있었다.

"정신 차려!"

로빈슨이 크게 외쳤으나, 아무 대꾸도 없었다.

로빈슨은 칼로 얼른 밧줄을 끊고 손목을 잡아 일으키려고 하였으나, 노인은 괴롭게 숨을 몰아쉬고 있을 뿐이었다.

로빈슨은 뒤미처 달려온 프라이데이에게,

"프라이데이, 이 노인에게 도와줄 테니까 걱정 말라고 말해 주어라!"
하고 럼주를 조금씩 입 안에 부었다. 노인은 겨우 눈을 가늘게 뜨고 사방을 두리번거렸다. 프라이데이는 그 노인의 얼굴을 보자,

"오오!"
하고 목을 와락 껴안고 울먹이기 시작하였다. 그러자 이번에는 노인 쪽에서도 프라이데이를 부둥켜안고 뭐라고 울부짖었다.

로빈슨은 어안이 벙벙하여, 프라이데이에게 물었다.

"프라이데이, 무슨 일이냐?"

프라이데이는 그 때서야 로빈슨을 쳐다보면서 말하였다.

"나리, 이 분이 바로 저의 아버지이십니다."

"뭐, 너의 아버지라고?"

로빈슨은 프라이데이의 아버지를 죽음 직전에서 구해 주었던 것이다.

프라이데이는 아버지의 말라빠진 다리를 주물러 주기도 하고, 헝클어진 머리를 쓰다듬어 주기도 하였다. 야만인들도 아버지와 자식의 정은 다를 것이 없었다. 로빈슨은 가슴이 뭉클하고 눈시울이 뜨거워졌다.

"참으로 다행이다! 조금만 늦었더라면 아버님은 놈들에게 살해될 뻔하였구나!"

"나리 덕택입니다. 나리는 저와 아버지를 모두 살려 주셨습니다."

프라이데이는 눈물을 흘리면서 수없이 고개를 숙였다.

노인은 차츰 기운을 회복하자, 눈물을 글썽거리면서 아들에게 뭐라고 말하였다. 죽은 줄만 알았던 아들을 뜻밖에 만나, 어찌 된 일이냐고 묻는 것 같았다.

프라이데이가 뭐라고 말하면서 로빈슨을 가리키자, 노인은 로빈슨을 향하여 연방 고개를 숙여 절을 하였다. 뜻하지 않은 일 때문에 정신이 팔려 있는 사이에 야만인들의 통나무배는 벌써 멀리 앞바다로 도망쳐 버려, 이제는 쫓아갈 수도 없게 되었다.

그러자 얼마 후에 세찬 바람이 몰아치기 시작하더니, 바다는 밤새도록 산더미 같은 파도를 일으키면서 으르릉거렸다. 아마도 도망치던 야만인들의 그 통나무배도 그 풍랑 때문에 뒤집히고 말았을 것이다.

프라이데이는 잠시도 아버지 곁을 떠나지 않고 극진히 간호를 하였다. 로빈슨은 호주머니에서 빵과 건포도를 꺼내어 프라이데이에게 주었다. 그러자 프라이데이는 그것을 아버지의 손에 쥐어주고 급히 동굴 속으로 뛰어갔다.

“프라이데이, 어디 가는 거야?”

로빈슨이 불렀으나, 그는 아무 대답도 하지 않았다. 잠시 후에 프라이데이는 물항아리를 들고 뛰어왔다.

“나리, 물을 가져왔어요.”

“오, 잘했다. 아버님부터 먼저 마시게 하거라.”

노인은 빵과 건포도를 먹고 물을 마시더니 한결 기운이 나는 모양이었다. 에스파냐 사람은 몹시 피로하여 나무 그늘에 누워 있었다.

로빈슨은 목을 축이고 나서, 프라이데이에게 일렀다.

“저 백인에게도 빵과 물을 가져다 주어라.”

에스파냐 사람은 빵을 먹고도 일어나려 하지 않았다.

로빈슨은 하도 딱하여, 프라이데이에게 에스파냐 사람의 다리를 주물러 주라고 말하였다.

그런데 프라이데이가 에스파냐 사람에게 다가가 뒤돌아보니 아버지가 온데간데없었다. 프라이데이는 깜짝 놀라 사방으로 헤매다가 겨우 찾아내었다. 아버지는 지칠 대로 지쳐 배 안에 들어가 누워 있었던 것이다. 프라이데이는 그 때서야 안심을 하고 다시 에스파냐 사람에게로 돌아갔다.

‘이 두 사람은 걸을 수 없다, 어떻게 집으로 돌아가지?’

로빈슨은 통나무배에 태워 집 근처의 강둑까지 가기로 하였다.

그는 프라이데이에게, 에스파냐 사람을 업어다가 아버지 곁에 뉘어 놓고, 배를 저어 집 근처의 강둑까지 오라고 말하였다. 그리고 자신은 걸어서 집으로 돌아왔다.

프라이데이는 로빈슨이 시키는 대로 두 사람을 무사히 데려왔다. 귀한 손님 두 사람을 맞이하게 된 로빈슨은 먼저 헌 돛으로 천막을 치고, 그 안에 침대를 들여놓은 다음, 짚을 깔고 담요를 폈다.

로빈슨은 두 사람을 그 위에 눕혀 놓고 식사 준비를 하였다. 프라이데이를 목장에 보내어 새끼산양을 한 마리 잡아오게 하여서 불고기와 수프를 만들었다.

이윽고 네 사람은 식탁에 둘러앉아 즐거운 식사를 하였다. 프라이데이는 두 사람에게, 로빈슨의 영어를 야만인 말로 통역해 들려주었다. 에스파냐 사람은 오랫동안 야만인들과 함께 살아왔기 때문에, 야만인 말을 알아들을 수 있었다.

그는 로빈슨이 자기 목숨을 살려 준 데 대하여 몇 번이나 고맙다고 인사를 하였다. 그리고 로빈슨이 이 섬에서 27년 동안이나 혼자 살아왔다는 말을 듣고는 크게 놀라며 탄복하였다.

"아니, 이 외딴 섬에서 그렇게 오랫동안 혼자서 살며 이걸 모두 마련하셨나요?"

프라이데이의 아버지도 아들의 통역으로 이야기하기 시작하였다.

그들 나라는 이웃 야만인 나라에서 자주 쳐들어와 몹시 시달림을 받고 있었다. 그러자 에스파냐 사람들은 그들에게 구조된 은혜를 갚기 위하여 힘을 모아 그 야만인들과 싸웠으나 마침내 패하고 말았다. 그래서 그들은 프라이데이의 아버지를 비롯하여 몇몇 야만인들과 함께 포로가 되었던 것이다.

"이제는 마음을 푹 놓으십시오. 우리가 지켜 줄 테니까요."

로빈슨이 말하자, 에스파냐 사람은 또다시 고개를 숙여 고맙다고 인사를 하였다.

다음 날, 로빈슨은 프라이데이의 아버지에게,

"도망친 놈들이 많은 패거리들을 데리고 쳐들어오지 않을까요?"

하고 물었더니 그는 고개를 옆으로 흔들었다.

"그런 일은 없을 거예요. 놈들은 어제 저녁의 거센 파도에 휘말려 버렸거나, 폭풍에 밀려 어느 낯선 고장으로 떠내려갔다가 그 곳 토인들에게 잡아먹혔을 겁니다."

"그렇지만 만일 무사히 저희 나라로 돌아갔다면 이야기가 다르지 않겠어요?"

"설사 무사히 돌아간다고 하여도 놈들은 다시는 이 섬에 발을 들여놓을 엄두도 못 낼 겁니다."

"어째서요?"

"사람을 닥치는 대로 쓰러뜨리는 그 무서운 물건(총)을 본 이상 어떻게 감히 다시 발을 들여놓겠습니까?"

"참, 그렇겠군요."

로빈슨은 고개를 끄덕였다. 그러나 역시 마음을 놓을 수는 없었다.

네 사람은 싸움이 벌어졌을 때 어떻게 싸울 것인가에 대하여 이야기를 나누기로 하였다. 이제는 이쪽도 네 사람이나 되기 때문에, 적이 아무리 많이 쳐들어와도 당당히 싸울 생각이었다.

그러나 날이 가고 달이 지나도 야만인들이 쳐들어올 기미가 보이지 않았다. 로빈슨은 또다시 바다 저쪽에 있는 육지가 그리워졌다.

하루는 프라이데이의 아버지에게, 당신의 나라에 가 보고 싶다고 넌지시 말하였다.

"그럼 가시지요."

그는 서슴지 않고 대답하였다.

"내가 당신 나라에 가도, 당신의 친구들이 나를 반갑게 맞아줄까요?"

"그럼요, 더구나 나리는 저와 아들의 목숨을 구해 주신 은인입니다. 모두들 나리를 기꺼이 맞아들일 겁니다."

로빈슨은 희망에 부풀어, 프라이데이의 고향에 가기로 결심하였다.

그러나 에스파냐 사람과 이 문제를 의논하고 나서는 로빈슨의 결심은 약간 흔들렸다. 그 에스파냐 사람은 로빈슨이 프라이데이의 고향에 가더라도 별로 이로운 일은 없을 거라고 말하였다.

그의 말에 의하면, 자기들 일행은 모두 열일곱 명이었는데, 프라이데이의 고향에서 야만인들의 친절한 대접을 받기는 하였으나 살기가 불편하였다는 것이다.

"우리는 옷도 없어서 단벌로 4년을 지냈어요. 그래서 이처럼 넝마가 다 됐어요."

그는 이렇게 말하고 자기의 너덜너덜한 옷자락을 보여 주고 쓴웃음을 지었다. 그는 말을 이었다.

"우리는 하루속히 본국으로 돌아가고 싶지만, 배도 없고 배를 만들 도구도 없지 뭡니까. 그러니 서로 모여서 아무리 궁리해 본들 무슨 소용이 있습니까?"

"그럼 육지를 따라서 문명인의 식민지로 빠질 수는 없을까요?"

"그건 안 돼요. 가는 곳마다 야만인의 나라뿐이니까요."

로빈슨은 한참 생각에 잠겨 있다가, 프라이데이와 둘이서 만든 커다란 통나무배를 보여 주며 말하였다.

"이 배를 타고 섬을 떠나, 당신의 친구들과 함께 어느 식민지로든 건너가려고 하는데요."

"그건 어려운 일입니다. 가까운 식민지에 가려고 해도 풍랑이 심한 바다를 건너야 합니다. 게다가 도중에 무서운 조류도 만나게 됩니다. 그러므로 이보다 더 큰 돛단배가 아니면 안 됩니다."

로빈슨은 들을수록 실망이 앞섰다. 그러나 로빈슨은 한참 곰곰이 생각한 끝에 무릎을 탁 치면서 말하였다.

"그럼 당신의 친구들을 이 섬으로 옮겨오라고 하면 어떨까요?"

"예? 그 많은 사람들이 이 섬에 와서 어떻게 한다는 겁니까?"

"이 섬에는 큰 배를 만들 만한 나무가 얼마든지 있습니다. 연장은 부족하지만 도끼와 톱 따위는 있으므로 손이 맞으면 작은 범선 정도는 쉽사리 만들어 낼 수 있을 겁니다."

로빈슨이 이렇게 말하여도, 에스파냐 사람은 선뜻 마음이 내키지 않는 모양이었다. 그러나 로빈슨이 혼자서 통나무배를 두 척이나 만들었다는 이야기를 하자 크게 감동하여 말하였다.

"아, 그렇습니까? 당신 혼자서 그 일을 해냈다면 우리 열일곱 명이 힘을 합쳐서 범선 하나 만드는 것쯤은 문제가 없겠군요. 제가 가서 그들에게 의논해 보지요. 배만 만들 수 있다면 지금의 이 비참한 상태를 벗어날 수 있으니까, 아마 틀림없이 찬성해 줄 것입니다."

"그럼, 잘 부탁합니다."

"만일 친구들이 이 섬에 오게 된다면, 모든 일은 당신의 지시대로 따르겠습니다."

로빈슨은 프라이데이에게 말하였다.

"자네도 같이 따라가게."

그러나 프라이데이는 고개를 옆으로 흔들면서 무슨 일이 있어도 로빈슨의 곁을 떠나지 않겠다는 것이었다.

그래서 로빈슨은 에스파냐 사람과 프라이데이의 아버지만 심부름꾼으로 보내기로 하였다. 그러나 두 사람 다 몹시 쇠약한데다가 팔다리의 아픔도 완쾌되지 않아 통나무배를 저어갈 수 있을 것 같지 않았다. 그래서 부득이 출발을 늦추기로 하였다.

이상한 배

얼마 동안 충분히 몸조리를 한 에스파냐 사람과 프라이데이의 아버지

는 이 해 12월 그믐께 드디어 배를 타고 출발하였다.

두 사람을 전송한 로빈슨의 가슴에는 또다시 커다란 희망이 부풀어올랐다. 로빈슨은 에스파냐 사람들이 열일곱 명이나 이 섬으로 오게 되면 바닷가의 집과 별장만으로는 좁아서 살 수 없을 것이므로 집을 새로 마련하기로 하였다.

그는 프라이데이와 함께 산에 가서 나무를 베어다가 널찍한 천막집을 세우기 시작하였다.

그런데 두 사람이 떠난 지 8일째 되는 날 아침에, 산양 젖을 짜러 갔던 프라이데이가 소리를 지르면서 급히 뛰어왔다.

"나리, 배가, 배가……."

"무엇이? 벌써 배가 돌아왔단 말이냐?"

로빈슨은 급히 집에서 뛰어나와 뒷산으로 올라갔다. 망원경으로 바라

보니 5, 6킬로미터쯤 떨어진 앞바다에 삼각돛을 단 보트 한 척이 섬을 향하여 오고 있었다.

'가만있자, 저건 통나무배가 아닌데 그렇다면…….'

로빈슨은 불안한 생각이 들어 보트를 자세히 살펴보았다. 그러나 어떤 사람들이 타고 있는지 잘 알 수 없었다. 그런데 로빈슨이 좀더 먼 곳으로 시선을 옮기자, 거기에는 한 척의 커다란 돛단배가 머물러 있었다.

"오오, 저것은 분명히 영국 배다!"

로빈슨의 가슴은 기쁨으로 설레었다.

그런데 로빈슨은 어째서 영국 배가 이 섬에 나타났는지 알 수 없었다. 날씨가 좋으니 폭풍에 밀려온 난파선도 아닐 것이다.

'아, 그리운 영국 배!'

로빈슨은 날개가 있다면 당장이라도 날아가고 싶었다.

'혹시 이 섬을 무인도인 줄 알고 그냥 지나가 버리지 않을까?'

로빈슨은 몹시 초조하였다.

"프라이데이, 얼른 불 피울 준비를 하여라. 연기를 올려야겠다."

로빈슨은 큰 소리로 이렇게 말하고 바다를 두리번거리다가 산 바로 밑에 있는 후미에서 1킬로미터쯤 떨어진 모래사장에 보트 한 척이 닿아 있는 것을 발견하였다.

그리고 보트에 타고 있던 사람들이 하나둘 상륙하기 시작하였다. 세어 보니 모두 열한 명이었다. 한두 사람은 네덜란드 인 같았으나 그 밖의 사람들은 모두 영국인으로 보였다.

그런데 놀라운 것은, 그 중의 세 사람이 꽁꽁 묶여 있는 것이었다. 세 사람 중의 하나가 모래사장에 무릎을 꿇더니 목숨만 살려 달라고 애걸하는 것 같았다. 다른 두 사람은 애걸까지는 하지 않았으나 매우 불안한 표정이었다.

"아무래도 이상한걸, 해적인지도 몰라!"

로빈슨은 그들에게 들키지 않도록 바위 위에 납작 엎드렸다. 프라이데이가 옆에서 속삭였다.

"나리, 백인들도 포로를 잡아먹나요?"

"그런 일은 절대로 없어."

로빈슨은 그들의 동태를 계속해서 지켜보다가 흠칫하였다.

수부 중 한 사람이 칼을 뽑아들고 포로를 위협하는 것이었다. 로빈슨의 가슴에는 걷잡을 수 없는 분노가 와락 치밀어 올랐다.

로빈슨이 망원경으로 자세히 보니, 손발이 묶인 세 사람은 고급 선원임을 나타내는, 금실로 장식된 제복을 입고 있었다.

이 세 사람을 위협하는 것은 수부들이었다.

'아랫사람이 윗사람을 묶어 가지고 오다니, 대체 어떻게 된 것일까?'

로빈슨은 고개를 갸웃거렸다.

'아무래도 배에서 무슨 난동이 일어났던 모양이군!'

수부들이 세 사람을 실컷 윽박지르고 위협하더니, 그대로 내버려 둔 채 이리저리 서성거리기 시작하였다. 섬의 형편을 알아볼 모양이었다.

'이 쪽으로 오면 발각되기 전에 도망쳐야지.'

로빈슨은 도망칠 궁리를 하면서, 그들의 거동을 지켜보고 있었다. 다행히 아무도 이쪽을 향하여 오지 않고 바닷가의 동쪽을 향하여 걸어가더니, 이윽고 큰 바위 옆으로 사라져 버렸다.

보트에서는 두 사람이 남아서 망을 보고 있었는데, 모두 몹시 술에 취하여 있는 것 같았다. 그들은 얼마 되지 않아 그대로 쓰러지더니 곧 잠들어 버렸다.

그러나 세 사람의 포로는 모래사장에 꿇어앉은 채 꼼짝도 하지 않았다. 그들은 도망칠 엄두도 나지 않는 모양이었다.

보트가 바닷가에 와 닿았을 때에는 밀물이 밀려왔으나, 지금은 썰물이 되어 보트가 모래사장에 그냥 주저앉아 있었다.

그래도 그 안에 타고 있던 한 사람은 아직 잠이 들어 있었고, 또 한 사람은 눈을 뜨기는 하였으나,

'뭐, 때가 되면 다시 밀물이 들어오겠지.'

하고 생각하는지 멍하니 앉아 있을 뿐이었다.

로빈슨은 프라이데이에게 일렀다.

"저쪽으로 간 놈들이 어떻게 되었는지 잘 살펴보아라."

프라이데이가 그 쪽으로 갔다가 잠시 후에 돌아오더니,

"그 놈들은 숲 속에서 술을 마시고 있어요. 그 중에는 잔뜩 취해 가지고 자고 있는 놈도 있습니다."

하고 말하였다.

선장과 수부

로빈슨은 프라이데이와 함께 급히 집에 돌아와 완전 무장을 하고 포로가 있는 숲 속으로 몰래 다가갔다.

세 사람의 포로는 손발이 묶인 채 커다란 나무 그늘에 앉아 있었다. 그들은 고개를 푹 숙이고 앉아서, 로빈슨과 프라이데이가 오는 것도 전혀 알지 못하였다. 그래서 로빈슨이,

"여보시오!"

하고 나직한 야만인의 말로 불렀다.

세 사람은 깜짝 놀라 고개를 휙 돌리더니, 로빈슨과 프라이데이의 괴상한 모습을 보자 기겁을 하여 도망치려고 하였다.

"잠깐만 기다리시오. 우리는 당신들을 해치려는 사람이 아닙니다."

로빈슨이 영어로 말하자, 세 사람은 또 한 번 크게 놀랐다. 로빈슨은 웃으면서 그들 앞으로 다가갔다.

"놀랐지요? 나도 당신들과 같은 영국 사람입니다."

"예?"

"당신들을 난폭한 수부들의 손에서 구해 주려고 왔어요."

"아, 그럼 당신은 누구시오?"

그 중의 한 사람이 물었다.

"나는 폭풍에 밀려온 표류자입니다. 그러나 정의를 위해서라면 언제나 싸울 용기가 있습니다. 무기도 갖고 있습니다. 당신들에게 힘이 되어 주려고 하니 모든 사연을 이야기해 주시오."

로빈슨은 이렇게 말하며 세 사람의 손발을 묶은 밧줄을 끊어 주고, 숲 속으로 데리고 갔다.

"대체 어찌하여 이런 꼴을 당하게 되었습니까?"

로빈슨이 묻자, 제일 나이가 들어 보이는 사람이 말하였다.
"나는 저 앞바다에 머물러 있는 배의 선장입니다. 그리고 여기 있는 이 사람은 기관사와 고급 선원입니다. 그런데 수부들이 교활한 부선장과 수부장의 선동을 받아 반란을 일으켜 우리 세 사람을 붙잡아 바다에 던지려고 하였습니다. 그래서 빌었더니, 이 섬에 내버리기로 하였던 것입니다. 이 섬은 무인도인 듯하여, 녀석들은 우리를 이 곳에 버려 두면 굶어 죽으리라고 생각했던 것입니다."
"음, 천벌을 받을 놈들이군. 그런데 그 놈들은 총을 갖고 있습니까?"
"총 두 자루를 가지고 있어요. 그 중에서 한 자루는 보트에 남겨 놓고 간 모양입니다."
"그렇다면 문제 없군요. 그런데 선장님, 놈들을 모두 죽여 버려야 할까요, 아니면 항복을 받아야 할까요?"
"부선장과 수부장은 아주 나쁜 놈이어서 용서할 수 없습니다. 다른 자들은 거의 다 그 놈의 위협으로 할 수 없이 반란에 가담한 것입니다. 그러니 두 놈만 해치우면 됩니다."
"그 두 놈은 지금 어디 있습니까?"
"아마 배에 남아 있을 겁니다."
"그럼, 나는 당신들을 구해 드리는 대신에 한 가지 청이 있는데 들어주시겠습니까?"
"예, 어서 말씀해 보십시오. 무엇이든지 들어 드리지요."
"첫째는 당신들이 이 섬에 있는 동안에는 내 지시를 따라야 한다는 것이고, 둘째는 내가 놈들에게서 당신의 배를 도로 찾으면, 나와 프라이데이라는 하인을 영국까지 태워 달라는 것입니다."
"좋습니다. 두 가지 다 분명히 약속합니다."
"그럼, 이제부터 힘을 모아 놈들과 싸웁시다. 여기 있는 세 자루의 총을 당신들께 빌려 드리겠습니다. 모두 총알이 재어져 있습니다."

로빈슨이 총을 넘겨 주자, 선장이 대꾸하였다.

"싸움은 당신의 지시에 따르겠습니다만, 될 수 있는 대로 수부들의 목숨은 아껴 주었으면 좋겠습니다."

"알겠습니다. 우선 보트를 빼앗도록 합시다."

이것은 아주 간단한 일이었다. 두 수부는 보트 안에 여전히 곯아떨어져 있었기 때문에, 이쪽 세 사람이 가서 쉽게 꽁꽁 묶어 놓았다. 그리고 프라이데이를 시켜 숲 속 깊숙이 끌어다 나무에 매어 놓게 하였다.

다음은 반란자들이 곯아떨어져 있는 숲 속으로 쳐들어갈 차례였다. 로빈슨은 선장 일행 세 사람을 앞장세우고 프라이데이와 뒤를 따랐다.

그 때였다. 갑자기 나무 그늘에서 두 명의 수부가 나타났다. 잠에서 금방 깨어난 모양이었다. 수부들은 로빈슨을 보자 "앗!" 소리를 지르면서 급히 멈춰 섰다. 묶여 있어야 할 포로가 무기를 들고 있는 것을 보고 가슴이 서늘해진 모양이었다.

"이 고약한 놈들!"

선장이 외치면서 방아쇠를 당겼다.

"탕!"

그 소리와 함께 수부 하나가 가슴을 움켜쥐고 그 자리에 고꾸라졌다. 그러자 한 놈은 쏜살같이 도망쳐 버렸다. 선장이 그 뒤를 쫓아가 개머리판으로 머리를 내리쳤다. 수부는 "윽!" 하고 그 자리에 쓰러졌다.

"이 두 놈은 악한입니다."

선장은 입술을 바르르 떨면서 말하였다.

그때 그곳에 곤드레가 되어 쓰러져 있던 수부들이 총소리에 놀라 벌떡 일어났다.

"항복하라, 덤비면 모두 죽여 버릴 것이다."

선장이 날카로운 소리로 외치면서 총을 겨누었다. 순간 총소리와 동시에 총알이 로빈슨의 귓전을 스치고 지나갔다. 놈들 중 한 녀석이 쏜 총알이었다. 로빈슨은 얼떨결에 어깨를 움츠렸다.

그 때 옆에서 프라이데이가 후닥닥 뛰어나가 총을 가진 수부에게 달려들어 그 자리에 때려눕혔다. 그러자 나머지 세 명의 수부는 새파랗게 질려서 무릎을 꿇고 두 손을 높이 쳐들었다.

"좋다, 죄를 뉘우치고 진심으로 항복한다면 목숨만은 살려준다."

선장이 엄숙한 목소리로 말하자, 수부들은 입을 모아 애원하였다.

"죽을 죄를 지었으니 용서해 주십시오."

선장은 로빈슨을 돌아보며 말하였다.

"이 세 사람은 마지못해 반란자들 편에 낀 것입니다. 용서해 주는 것이 어떨까요?"

"좋습니다. 그러나 한동안 손발을 묶어 놓기로 합시다."

이리하여 로빈슨 일행은 앞서 사로잡은 두 사람을 합쳐서 모두 다섯 명의 포로를 앞세우고 일단 바닷가의 집으로 돌아왔다.

선장은 로빈슨이 지금까지 이 섬에서 혼자서 살아왔다는 이야기를 듣고 매우 탄복하였다.

로빈슨은 영어로 말할 수 있는 상대를 만난 것이 무엇보다도 반가웠다. 그리고 한시라도 빨리 저 앞바다에 있는 배를 다시 찾아 영국으로 돌아가고 싶었다.

'아, 부모님은 아직 살아 계실까?'

이렇게 생각하니, 로빈슨은 새삼 고향이 그리워 견딜 수가 없었다.

빈틈 없는 작전

로빈슨은 앞으로의 작전 계획을 치밀하게 세웠다.

이 싸움에서 패하면 로빈슨은 영원히 고향 땅을 밟을 수 없을지도 몰랐다. 로빈슨은 선장에게 물었다.

"배에는 몇 사람이 남아 있습니까?"

"모두 스물여섯 명이 남아 있을 겁니다. 그 중에는 위협을 받아 할 수 없이 반란에 가담한 자도 있습니다만……."

"음, 이쪽은 사람이 적으므로 통나무배를 타고 쳐들어가서는 이기기 어렵겠군요. 작전을 잘 세워야 합니다."

"배에 있는 놈들이, 상륙한 패거리가 돌아오지 않기 때문에 궁금하게 생각하여 머지않아 알아보러 올지도 모릅니다. 그때에는 무기도 충분히 갖고 올 것입니다. 그렇게 되면 이길 가망은 도저히 없는데요."

선장은 걱정을 하였다. 그러나 로빈슨은 여기서 겁을 먹게 해서는 안 된다는 생각에서,

"걱정할 것 없습니다. 비록 사람의 수는 적더라도 정의의 편에 서면 반드시 이기게 마련이니까요. 게다가 놈들은 이 섬의 지리를 잘 모르므로, 우리는 숲과 골짜기로 놈들을 마냥 끌고 다니면서 지치게 한 후 들이치면 충분히 이길 수 있습니다."

하고 힘을 주어 말하였다.

"흠, 그럴듯한 말이군요."

선장은 다소 기운을 되찾고 이렇게 덧붙였다.

"놈들은 생각이 깊은 편이 아닙니다. 이쪽에서 그런 작전을 쓰면 꼼짝없이 말려들 겁니다."

이 때 로빈슨이 또 하나의 계략을 말하였다.

“해변에 있는 보트 밑창에 구멍을 뚫어서 쓸 수 없도록 만듭시다.”

이 말에 찬성하고, 프라이데이는 바닷가에 가서 보트 밑에 구멍을 뚫었다. 그리고 노와 돛대, 키 같은 것도 모두 숲 속에 감춰 버렸다.

“이렇게 해 놓으면 상륙해 온 놈들이 우리와 싸우다가 본선으로 도망가려 하여도 길이 막히고 말 것입니다.”

로빈슨이 말하였다. 물론 그들이 타고 올 보트에도, 그들을 밀림 속으로 일단 끌어들이고 나서, 프라이데이를 시켜 큼직한 구멍을 뚫어놓게 할 작정이었다.

해변에 있는 보트를 뒤져 보니 럼주와 브랜디, 설탕, 비스킷 같은 것들이 있었다. 모두가 로빈슨에게는 소중한 물건들이었다.

그 때,

“쿵, 쿵쿵!”

하고 앞바다에서 대포 소리가 울려오고, 범선 갑판에는 하얀 연기가 피어올랐다. 그것은 섬에 올라간 패거리들에게 빨리 돌아오라고 보내는 신호였다. 로빈슨이 망원경으로 바라보니, 신호를 위한 깃발도 내걸고 있었다. 그러나 섬에서는 응답이 있을 리가 없었다. 물론 보트도 움직이지 않았다.

그러자 본선에서는 이상하고 궁금하여 보트를 한 척 내리더니, 섬을 향하여 부지런히 저어오고 있었다.

“음, 드디어 나타나는군!”

로빈슨은 선장을 돌아보고 말하였다.

“열 명쯤 됩니다. 모두 총과 칼을 가지고 있군요. 자, 보십시오!”

로빈슨은 선장에게 망원경을 넘겨주었다. 선장은 망원경을 들고 한참 바라보더니,

“보트를 지휘하고 있는 놈은 반란자들의 두목인 수부장입니다. 그 밖

의 여섯 놈도 악한입니다. 위협에 못 이겨 반란에 가담한 수부도 세 사람 끼여 있습니다."

하고 말하였다.

"염려 마십시오. 어떤 놈이 덤벼들더라도 문제 없습니다."

로빈슨은 싸울 준비를 서둘렀다.

"포로들도 이쪽 편에 넣어서 함께 싸워도 괜찮겠지요?"

로빈슨이 선장에게 물었다.

"글쎄요, 다섯 중에서 두 놈은 아무래도 믿을 수 없군요."

선장이 대답하였다.

그래서 두 사람은 손발을 묶은 채 굴 속에 가둬 두고, 다른 세 사람은 부하로 쓰기로 하였다. 이쪽은 로빈슨과 선장, 그리고 프라이데이 등 모두 여덟 사람이 싸우기로 하였다.

이윽고 적이 보트를 바닷가에 대고 상륙하기 시작하였다. 그들은 먼저 패들이 타고 온 보트를 찾아 내었으나, 배 밑에 큼직한 구멍이 뚫려 있고 노와 돛대, 키도 없어진 것을 알고 깜짝 놀랐다.

그들은 큰 소리로 먼저 온 자기 패들의 이름을 불렀다. 그런데 아무 소리도 들리지 않자, 이번에는 총구를 하늘로 대고 공포를 쏘아 댔다.

"탕, 탕, 탕!"

요란한 총소리가 숲 속에 메아리치고, 물새들이 푸드덕 떼를 지어 날아올랐다. 그래도 아무 기척이 없었다. 그들은 점점 이상한 생각이 들었는지 겁을 집어먹고, 뭐라고 중얼거리며 곧 보트로 되돌아가 섬을 떠나려 하였다. 그들은 같은 패를 그냥 내버리고 가는 것쯤은 예사로 할 수 있는 인정머리 없는 자들이었다.

로빈슨은 당황하였다. 그들이 본선을 타고 가 버린다면 모든 계획은 끝나는 것이었다.

'아, 어떻게 해서든지 저 보트를 떠나지 못하게 막아야 할 텐데…….'

로빈슨은 초조한 마음을 금할 수가 없었다.

그런데 보트는 갑자기 방향을 바꾸더니 다시 섬기슭을 향하여 노를 저어오기 시작하였다.

'아, 되돌아오는군!'

로빈슨은 중얼거렸다. 그들은 섬을 다시 한번 살펴보고 싶었던 모양이었다. 보트가 섬기슭에 다다르자, 일곱 명만 상륙하고 세 명은 보트에 남아 있었다. 이들은 보트를 기슭에서 훨씬 멀리 떨어진 곳으로 저어 나가더니 닻을 내리고 멎었다.

"이거 야단났는걸!"

로빈슨은 걱정이 되었다.

상륙하는 일곱 명을 다 해치운다 하더라도 세 사람이 본선으로 돌아가 배를 몰고 가 버리면 그만이었다. 그렇다고 보트에 탄 세 명을 총으로 쏘아 죽일 수도 없었다. 총소리가 본선에 들리면 나머지 열여섯 명이 섬에 쳐들어올지도 모르기 때문이었다. 그러므로 로빈슨은 보트에 탄 세 명을 끌어 내어 배로 돌아가지 못하게 해야 한다고 생각하였다.

그 사이에 상륙한 일곱 명은 한떼가 되어 로빈슨의 집을 둘러싸고 있는 나무숲을 지나 뒷산으로 올라갔다. 높은 데서 섬을 자세히 살펴볼 생각인 것 같았다.

로빈슨은 덤불 사이로 몸을 숨기면서 몰래 뒤를 쫓아갔다. 그들은 큰 소리로, 돌아오지 않는 같은 패들의 이름을 번갈아 부르고 있었다. 그래도 아무 대답이 없자 겁이 나는지, 나무 밑에 모여 앉아 무엇인가 수군거리고 있었다.

로빈슨이 덤불을 헤치며 급히 달려와서,

"이 기회에 공격하고 싶지만 모두 총을 가지고 있어 위험하군요."

하고 선장에게 말하였다.

"공격하는 방법이 있어요. 놈들은 한패를 부르기 위하여 반드시 또 한 번 총을 쏠 것입니다. 총을 쏘고 나서 다시 총알을 재는 틈을 이용하여 일제히 공격하면 꼼짝 못하고 항복할 것입니다."

"그거 참 좋은 생각이군요."

그 당시의 소총은 한 번 쏘고 나면 다시 총알을 재기까지 잠깐 시간이 걸렸다. 로빈슨은 놈들이 총을 쏘기를 끈기 있게 기다렸으나 끝내 감감 소식이었다.

이윽고 그들은 동료들을 찾는 것을 단념하고 바닷가로 터덜터덜 걸어갔다. 이들을 무사히 돌려보낼 수는 없었다.

로빈슨은 한 가지 계략을 생각하여 프라이데이에게 일렀다.

"프라이데이, 강 상류를 건너 저쪽 산에 올라가서 큰 소리로 저 놈들을 불러라. 숲 속에 숨어서 몇 번이나 되풀이해서 불러! 그래서 놈들을 모두 산 속으로 끌어들인 후에 이 곳으로 와!"

"예, 알겠습니다."

이 때 항복한 수부 세 사람도 프라이데이를 따라가게 하였다.

산 속의 고함 소리

프라이데이는 나무숲에 숨어서 그들의 행동을 유심히 살피고 있었다. 그들이 해변 가까이에 이르렀을 때,

"야호! 야호!"

하고 프라이데이 일행이 큰 소리로 불렀다.

그들은 흠칫하며 걸음을 멈추었다. 그리고 입을 모아,

"어어이, 어어이!"

하고 외쳤다. 프라이데이는 또다시,

"야호! 야호!"

하고 큰 소리로 불렀다.

그러자 수부들은 일제히 소리나는 쪽으로 달려가면서 외쳤다.

"어디냐?"

"여기다!"

프라이데이가 대답하자,

"저쪽에서 부른다!"

하고 수부들은 고함 소리를 따라 덩굴을 헤치면서 뛰어갔으나 강물이 가로막혀 더 이상 갈 수가 없었다.

그러자 수부장의 명령으로 두 사람의 수부는 해안으로 뛰어가 보트를 타고 하구로부터 강물을 거슬러 올라와 동료들을 태우고 강 저편 기슭으로 건너갔다.

"어이, 여기다!"

프라이데이 일행의 목소리는 차츰 멀리서 들려왔다.

계략은 성공하였다.

그들은 프라이데이 일행이 유인하는 소리에 끌려 수부 두 사람만을 보트에 남겨 두고 모두 숲 속으로 들어섰다. 이제 보트를 빼앗는 것은 문제가 아니었다. 그들은 멀어졌다 가까워졌다 하는 소리에 끌려 한없이 숲을 헤쳐 나가고 있었다. 로빈슨은 선장에게 살금살금 강 언덕으로 가자고 눈짓을 하였다.

수부 두 사람은 무어라고 수군거리더니, 이윽고 한 사람이 언덕으로 올라가는 나무 그늘에 앉아 끄덕끄덕 졸기 시작하였다.

선장은 수부를 향하여 질풍처럼 달려가 개머리판으로 수부의 머리를 한 대 후려쳤다. 수부는 뭐라고 외칠 틈도 없이 한방에 나가 떨어졌다.

이어서 선장은 보트에 있던 수부에게 재빨리 총을 들이대고 소리쳤다.

"항복할 테냐, 죽을 테냐? 둘 중 하나를 택하라!"

"하, 항복……."

수부는 정신없이 손을 비비면서 살려 달라고 애원하였다. 선장의 말에 의하면 이 수부는 믿을 수 있는 사람이었다. 그래서 죄를 용서해 주고 선장의 대열에 넣었다.

그러는 동안에 프라이데이 일행이 돌아왔다.

"나리, 녀석들을 실컷 골려 주면서 밀림 속을 마냥 끌고 다녔습니다. 녀석들은 지금 길을 찾지 못해 허둥거리다가 머지않아 이쪽으로 내려올 것입니다."

"음, 수고했다."

로빈슨은 이렇게 말하고, 일행과 함께 보트에서 조금 떨어진 숲 속에 숨어서 수부들이 돌아오기를 기다렸다.

두세 시간쯤 지나 날이 저물 무렵에야 수부들은 산에서 내려왔다.

"이봐, 천천히 걸어가. 난 다리가 아파서 죽을 지경이야."

"기운을 내야 해. 해가 지면……."

로빈슨은 그들의 이야기를 듣고 있다가,

'마침 잘되었다!'

하고 생각하였다.

그들이 모두 지쳐 버렸다면 그만큼 싸움에서 유리하기 때문이었다. 보트를 놓아 둔 데까지 겨우 온 그들은 소스라치게 놀랐다.

"어, 이 녀석들이 어디로 갔지?"

수부장의 놀란 목소리였다.

"아무래도 이 섬은 무시무시한걸. 귀신이 사는 섬인지도 몰라."

"그러고 보니 정말 이상한 일이 한두 가지가 아니야. 먼저 온 녀석들도 목소리만 들릴 뿐, 모습을 나타내지 않았잖아."

"녀석들은 귀신에게 홀려서 죽어 버렸을 거야. 그 혼이 우리를 부른 것이 분명해."

"여기서 꾸물거리다가는 우리도 당하고 말 거야."

뱃사람들은 미신을 잘 믿는다. 그러나 수부장은 그렇지 않았다.

"귀신이 어디 있어? 겁쟁이들 같으니……. 비켜, 내가 찾아볼 테다."

수부장은 다른 사람들을 꾸짖으며 숲 속을 헤치고 이쪽으로 다가왔다. 그 뒤에 수부 두 사람이 겁에 질린 얼굴을 하고 따라왔다.

"음, 저 놈은 악한이라 살려 둘 수 없어요."

선장이 로빈슨에게 속삭이며 총을 겨누었다.

"잠깐만 참아요. 좀더 가까이 끌어다 놓고 방아쇠를 당겨야 합니다."

로빈슨은 귀엣말로 주의를 주었다.

이윽고 수부장과 수부들이 가까이 다가왔다. 선장은 조심스럽게 겨냥을 하고 있다가 방아쇠를 당겼다.

"탕, 탕!"

두 방의 총알에 수부장과 그 곁에 있던 수부가 쓰러졌다. 수부장은 즉사하고, 옆에 있던 수부는 중상을 입은 것 같았다. 그리고 나머지 한 명의 수부는 기겁을 하고 도망쳤다.

순간, 보트 쪽에서도 허둥지둥 도망치는 발소리가 들려왔다. 잔뜩 겁을 먹고 보트에 웅크리고 있던 놈들이 뜻하지 않은 총소리를 듣자 넋을 잃고 큰 혼란을 일으킨 것이다.

로빈슨은 이 때라고 생각하여 일제히 총을 쏘려고 하다가, 마주 싸우면 이쪽에서도 희생자가 나올 것 같아, 조금 전에 항복한 수부를 시켜 도망치는 자에게 항복할 것을 권유하도록 일렀다. 그러자 그 수부는 자기 친구의 이름을 불렀다.

"스미스, 스미스!"
"넌 누구야?"
"나야, 어서 무기를 버리고 항복해. 반항하면 전멸한다."
"무엇이? 누구에게 항복하라는 말이야?"
"선장님이 여기 계셔."
그러나 저쪽에서는 아무 말도 하지 않았다. 포로가 된 선장이 있다니, 그게 웬 말이냐고 의심을 품고 있는 모양이었다.
"수부장은 죽었어. 그리고 우리도 이렇게 포로가 되었어. 너희도 항복하면 목숨은 건질 수 있어."
"그게 정말이야?"
"물론이야. 내가 이렇게 살아 있는 걸 보면 알 수 있잖아."
그 때, 선장이 큰 소리로 말하였다.
"스미스, 애트킨스, 내 목소리 알아듣겠지?"
"예, 선장님!"
"이 곳 총독 각하께 항복하라. 총독 각하는 쉰 명의 부하를 거느리고 계시다. 항복하면 목숨만은 살려 준다."
"예, 항복하겠습니다."
여러 수부들이 일제히 외쳤다.
"그럼 무기를 버리고 이리로 오너라."
수부들은 손을 들고 이쪽으로 다가왔다. 선장이 말한 총독이란 물론 로빈슨을 가리키는 말이었다.
로빈슨은 근처의 나무 그늘에 숨어 버렸다. 총독 각하가 산양 가죽의 허름한 옷을 걸치고 단 한 명의 야만인 부하를 거느리고 있는 사람이라는 사실을 상대방에게 알리고 싶지 않았기 때문이다.
선장은 수부들을 하나씩 결박하여, 근처의 나무에 묶어 놓고 엄숙한 어조로 말하였다.

"반란을 일으켜 선장을 죽이고 배를 가로채려고 한 자는 영국에 가서 재판을 받아야 한다. 그렇게 되면 두목이 된 자나 처음부터 반란에 가담한 자는 보나마나 사형이다."

포로들은 고개를 푹 숙인 채 잠자코 있었다.

"너희는 남의 꾐에 빠져 덮어놓고 날뛰었거나 아니면 위협을 당하여 그런 터무니없는 짓을 하였지만, 그건 악에 가담한 것이다. 이제 너희 잘못을 알겠느냐?"

"예, 선장님. 죽을 죄를 지었습니다. 제발 총독님께 여쭈어서 목숨만 살려 주십시오."

여섯 명 중에서 성미가 괄괄한 수부가 말하였다.

"음, 부탁해 보겠지만, 총독 각하께서 무슨 분부를 내릴지는 나도 모르겠다."

선장은 엄숙한 목소리로 말하였다.

로빈슨은 자기를 총독 각하라고 부르는 선장의 연극에 저절로 웃음이 터지는 것을 간신히 참고,

'이제부터 이 포로들을 어디에 재워야 할까?'

하고 걱정을 하였다.

이튿날 아침에 선장은, 로빈슨의 지시로 별장에서 재운 비교적 얌전한 수부들을 찾아가서 말하였다.

"너희는 영국에 가는 즉시 사형을 면치 못할 것이다. 그러나 너희가 만일 우리와 함께 그 배를 찾는 데 협력해 준다면, 총독 각하께서는 너희의 죄를 용서해 주시고 영국에 끌고 가지 않을 것이다. 어떻게 하겠느냐?"

그러자 수부들이 입을 모아 대답하였다.

"힘을 합쳐서 배를 찾는 일에 노력하겠습니다. 저희는 선장님의 명령대로 따를 것을 맹세합니다."

선장은 로빈슨에게 가서 이 사실을 알리고 이렇게 말하였다.

"그럼 이제부터 배를 찾는 작전을 세웁시다."

로빈슨과 선장은 의논한 끝에, 선장이 열한 명의 동료를 데리고 배를 찾으러 가기로 하고, 로빈슨과 프라이데이는 섬에 남아서 고약한 선원들을 지키기로 하였다.

두 척의 구멍 뚫린 보트를 급히 고쳐서 한 척에는 선장과 기관사와 다섯 명의 수부가 타고, 다른 한 척에는 손님인 고급 선원이 네 명의 수부들과 탔다.

"아무쪼록 성공하기를 바랍니다."

로빈슨은 어둠 속에서 바다로 떠나는 두 척의 보트를 배웅하며 선장에게 말하였다.

해상의 공방전

바다로 나간 두 척의 보트가 본선 있는 곳으로 다가가자, 선장은 수부 한 사람에게 큰 소리로 배 안의 녀석들을 부르게 하였다.

"어이, 우리가 돌아왔어요."

한 수부가 소리치자, 본선에서 두 사람이 뱃전에 나타났다.

"어떻게 된 거야? 녀석들을 찾았나?"

부선장이 물었다. 그는 수부들을 자기 편으로 알고 있었다.

"아 글쎄, 산 속에 쓰러져 있지 않겠어요. 그래서, 찾느라고 무척 애먹었어요."

"선장과 기관사는 어떻게 했나?"

"처치해 버렸어요."

"그래, 그럼 이제부터는 내가 선장이다."

부선장은 신이 나서 말하였다.

"괘씸한 녀석 같으니."

선장은 보트 위에서 이를 갈았다.

"빨리 사다리를 내려 줘."

수부가 외쳤다.

선장과 기관사가 사다리를 타고 맨 먼저 배에 올라왔다. 기관사는 배에 오르는 순간,

"야, 이 놈아!"

하고 외치면서 총의 개머리판으로 부선장을 단숨에 때려눕혔다.

그리고 옆에 있던 수부는 선장이 해치웠다.

다른 수부들이 고함 소리를 듣고 선실에서 뛰어나와 갑판으로 올라갔다. 그러자 선장의 부하들은 일제히 총을 쏘았다.

"탕 탕 탕!"

수부들은 깜짝 놀라 갈팡질팡하였다.

"항복하지 않으면 모두 쏘아 죽일 것이다!"

선장이 외치자, 반란자들은 일제히 손을 들었다. 선장과 수부들은 놈들의 손을 결박하고 나서 선장실로 뛰어들었다.

선장실에는 반란자 세 놈이 대항하였으나, 기관사의 권총에 맞아 한 놈이 그 자리에서 쓰러졌다. 그러자 두 명의 부하는 곧 항복을 하였다.

이렇게 하여 선장은 배를 도로 찾는 데 성공하였다. 그리고 섬에 남아 있는 로빈슨에게 약속한 대로, 대포 일곱 발을 쏘아 소식을 알렸다.

초조하게 기다리던 로빈슨은,

"오, 성공했구나!"

하고 기뻐서 어쩔 줄 몰랐다.

로빈슨은 피로를 풀기 위하여 바닷가의 집으로 돌아와 침대에 쓰러져 깊이 잠들어 버렸다. 얼마 후에 누가 흔드는 바람에 눈을 뜨니 선장이 옆에 서 있었다.

"아, 선장님!"

"로빈슨 씨, 당신 덕분에 배를 되찾게 되었습니다."

선장은 배를 섬 근처까지 갖다 대고 보트로 상륙한 것이었다.

선장은 로빈슨의 손을 꼭 잡고 말하였다.

"당신은 내 생명의 은인입니다. 배도, 나도, 선원들도 다 당신의 것입니다."

선장은 수부들을 시켜 보트에서 여러 가지 물건들을 가져오게 하였다. 수부들은 고급 럼주, 포도주, 담배, 쇠고기 통조림, 완두콩 등이 들어 있는 가방을 가져왔다. 그 안에는 멋진 양복과 금테를 두른 모자, 셔츠, 양말 등이 가득 들어 있었다.

"로빈슨 씨, 이것으로 갈아입으십시오."

선장이 말하였다.

"고맙습니다."

로빈슨은 다른 방으로 들어가 산양 가죽 옷을 벗고 새 옷으로 갈아입었다. 20년 만에 입어보는 양복이라 처음에는 거북하여,

'숨이 막힐 것 같아 견딜 수 없군.'

하는 생각도 들었다.

다음에 로빈슨은 이발을 하고 수염을 깎았다. 그러자 아주 딴 사람이 되어, 섬의 총독으로서도 제법 어울리는 모습이 되었다.

로빈슨은 비로소 동굴 속에 가두어 둔 다섯 명의 고약한 수부들을 끌어내어, 총독답게 의젓하게 말하였다.

"너희는 내 말을 잘 들어라. 배는 선장이 다시 찾았다. 그리고 너희의 두목인 부선장은 이미 죽었다. 너희도 같은 꼴이 되고 싶으냐?"

다섯 명의 수부는 펄쩍 뛰며,

"제발 목숨만 살려 주십시오."

하고 애걸하였다.

"나는 곧 선장과 함께 부하들을 데리고 영국으로 돌아가려고 한다. 너희도 함께 데리고 가면 재판에 의해 교수형을 받게 될 테니, 너희를 살리자면 이 섬에 남겨 두는 수밖에 없다. 그래도 괜찮겠느냐?"

"예, 이 섬에 남아 있겠습니다."

"그럼, 알았다!"

로빈슨은 자기가 이 섬에 상륙했을 때부터 오늘에 이르기까지 살아온 방법에 대하여 그들에게 자세히 설명해 주었다.

그리고 총 다섯 자루와 권총 두 자루, 탄환, 칼과 도끼는 물론, 로빈슨이 애써 만든 그릇과 그 밖의 여러 가지 연장을 몽땅 꺼내 주었다.

그러나 산양 가죽으로 만든 우산만은 기념으로 갖고 가기로 하였다. 로빈슨은 수부들과 함께 동굴 속으로 들어가서 상당한 양의 다이아몬드와 황금과 수정 등을 캐내어 보트에 실었다.

그리고 개와 폴을 데리고 보트에 탔다.

섬이여, 안녕

마침내 로빈슨은 꿈에도 잊지 못하던 그리운 고향으로 돌아갈 때가 되었다. 로빈슨의 눈앞에는 부모님의 얼굴이 환영처럼 떠올라 자신도 모르게 눈물이 글썽거렸다. 바다는 금빛으로 빛나고, 푸른 하늘에는 흰 구름이 한가하게 떠오르고 있었다.

달력을 보니 1686년 12월 19일, 로빈슨이 이 섬에 흘러온 지 꼭 28년 2개월 19일 만이었다.

"섬이여, 안녕!"

로빈슨은 갑판 위에서, 작아져 가는 섬을 하염없이 바라보고 있었다.

그 날 해질 무렵에 배는 프라이데이의 나라에 무사히 도착하였다.

"프라이데이, 드디어 너의 나라다! 빨리 아버님을 만나러 가거라!"

프라이데이는 싱글벙글하며 보트에서 뛰어내렸다. 로빈슨과 무장한 수부 몇 사람이 그 뒤를 따랐다. 해안에는 야만인들이 구름처럼 모여들었다.

프라이데이는 그 군중 속에서 아버지를 발견하고 급히 뛰어가 얼싸안았다. 프라이데이의 아버지도 로빈슨을 보고 달려와 손을 꽉 잡았다.

"아니, 이게 웬일이십니까? 이렇게 만나뵙게 되어 정말 반갑습니다."

그는 감격한 듯이 말하였다.

"무사하셨군요."

로빈슨이 말하였다.

프라이데이의 아버지는 어쩐지 병색이 뚜렷하였다.

물어 보니, 포로가 되었을 때 너무 시달려서 요 며칠 동안 병상에 누워 있었다고 하였다.

나무 그늘 저쪽에서 추장과 에스파냐 사람 열일곱 명이 모두 나타났다.

"오, 어서 오십시오!"

이렇게 외치면서 뛰어온 것은 바로 로빈슨이 죽음 직전에 구하여 준 그 에스파냐 사람이었다.

로빈슨이 범선을 타고 오게 된 전후의 사연을 이야기하고 그들 열일곱 명을 본국에 데려가기 위하여 이렇게 들렀다고 말하였더니, 그들은 무척 기뻐하였다.

에스파냐 사람들의 말에 의하면, 하루속히 로빈슨이 기다리고 있는 섬으로 건너가려고 하였으나, 프라이데이의 아버지가 병환으로 누워 있었기 때문에 하루이틀 미루고 있었다고 하였다.

한편, 프라이데이는 아버지를 만나게 되어 기뻤으나, 로빈슨과 이별하는 것이 괴로워 하염없이 눈물을 흘렸다. 그래서 로빈슨은 프라이데이만 좋다면 그를 영국으로 데리고 가기로 하였다.

로빈슨 일행을 태운 배는 열풍을 안고 대서양의 파도를 헤치며 동으로 동으로 달렸다.

그리하여, 1687년 6월 11일, 로빈슨은 부모님의 영혼이 잠든 고향 땅에 무사히 도착하게 되었다.

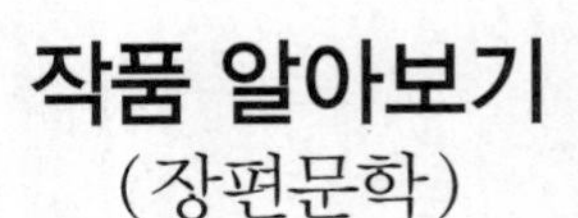

작품 알아보기

(장편문학)

〈로빈슨 크루소〉는 1749년에 발표된 작품으로, 원래 제목은 〈요크의 선원 로빈슨 크루소의 생애와 이상하고 놀라운 모험〉이다.

요크 태생인 로빈슨은 아버지의 만류를 뿌리치고 모험 항해에 나선다. 하지만 바다에서 난파되어 홀로 무인도에 상륙한다. 로빈슨은 절망하거나 두려워하지 않고 창의와 연구, 그리고 근면과 노력으로 무인도 생활을 착실히 설계해 나간다. 우선 배에서 식량, 의류, 무기, 그리고 개를 운반하여 오두막을 짓고 열심히 살아간다.

불을 지펴 몸을 따뜻하게 하고 음식을 만들어 먹는다. 또 산양을 길러 고기와 산양젖을 얻고 곡식을 재배하는 한편 배를 만들어 탈출을 꾀한다.

또 무인도에 상륙한 식인종의 포로인 프라이데이를 구출하여 충실한 하인으로 삼고, 마지막에는 무인도에 기착한 영국의 반란선을 진압하여 선장을 구출한 다음 28년 만에 고국에 돌아온다는 이야기이다.

로빈슨 크루소의 모습은 현대인의 모습과 많이 닮았다. 복잡한 관계에서 벗어나 혼자서 자유로이 살고 싶은 많은 사람들의 욕

작품 알아보기
(장편문학)

구를 대변하고 있기 때문이다.

그리고 어떻게 보면 현대인의 모습 또한 모두 각자의 섬에 갇혀 산다고도 할 수 있다. 무인도에서 혼자 살면서 폭풍과 지진, 몸이 아픈 것도 견디기 힘든 것이지만, 가장 무서운 적은 절망이다.

로빈슨은 절망하거나 체념하지 않는다. 끊임없이 도전하고 노력한다. 이것이 로빈슨 크루소의 위대성이다.

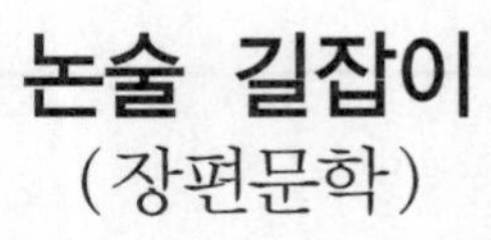

논술 길잡이
(장편문학)

❶ 우연하게 친구와 배를 타고 나가 파도 때문에 고생했던 로빈슨은 친구 아버지의 말을 듣지 않고 왜 또 다른 배를 타고 떠나는지 그 이유를 써 보자.

....

....

....

....

❷ 해적에게서 극적으로 탈출하여 우연히 사탕수수 재배로 성공하게 된 로빈슨은 안락한 생활을 버리고 다시 배를 타기로 다짐한다. 이를 통해 로빈슨의 어떤 성격을 알 수 있는지 논술해 보라.

....

....

....

....

논술 길잡이
(장편문학)

❸ 아래 그림은 로빈슨이 무인도에서 농사를 짓게 되는 계기가 되는 장면이다. 로빈슨은 어떻게 무인도에서 농사 짓는 법을 알게 되었는지 그 경위를 살펴보고 글로 정리해 보자.

논술 길잡이
(장편문학)

❹ 로빈슨이 금요일에 구해 주어 '프라이데이' 라는 이름을 붙여 준 야만인은 나중에 로빈슨이 집으로 돌아가라고 했을 때 왜 혼자 돌아가지 않았는지 그 이유를 써 보자.

❺ 로빈슨이 무인도에서 탈출하기 위하여 만든 것은 무엇이며, 또 어떻게 만들었는지 살펴보고 그 과정을 글로 적어 보자.

논술 길잡이
(장편문학)

❻ 다음 장면은 로빈슨이 반란이 일어난 배의 선장을 처음 만나는 대목이다. 이 선장의 일로 로빈슨은 어떤 일을 겪게 되었고, 또 어떤 결과를 가져다 주었는지를 논술해 보자.

"나는 폭풍에 밀려온 표류자입니다. 그러나 정의를 위해서라면 언제나 싸울 용기가 있습니다. 무기도 갖고 있습니다. 당신들에게 힘이 되어 주려고 하니 모든 사연을 이야기해 주시오."

논술 길잡이
(장편문학)

❼ 이 작품은 18세기 영국의 대표적인 모험 소설로, 무인도에서 살게 된 로빈슨 크루소가 희망과 용기를 잃지 않고 지혜롭게 어려움을 헤쳐 나가는 과정이 흥미진진하다. 이를 읽고 느낀 소감을 글로 적어 보자.

❽ 만약 자신이 무인도에 표류하게 되었는데, 딱 세 가지만 얻을 수 있다면 그것은 무엇이었으면 좋겠는지, 또 그 이유는 무엇인지 써 보자.

논·술·세·계·대·표·문·학 〈전60권〉

펴 낸 이　정재상
펴 낸 곳　훈민출판사
주　　 소　경기도 고양시 덕양구 원당동 416번지
대표전화　(031)962-3888
팩　　 스　(031)962-9998
출판등록　제395-2003-000042호